Turbine seu cérebro

Plano gradual em 15 semanas

CB131741

SEMANA 2

Um desafio para a mente

Será que faço o suficiente para cuidar do meu cérebro? O cérebro é uma máquina que funciona de maneira global. Quando calculamos, memorizamos ou simplesmente organizamos nossa agenda, nossas habilidades mentais interagem entre si. Por esse motivo, e do mesmo jeito que numa série de ginástica exercitamos nossos músculos para alcançar uma boa forma física, nossas habilidades mentais podem ser exercitadas mediante a realização de jogos divertidos. Além do mais, com os pequenos conselhos que são oferecidos nestas páginas, abriremos caminho para a criação de novos hábitos saudáveis para nossa mente.

1. Durante quinze semanas, exercitaremos nossa mente, dedicando atenção especial a cada um dos seguintes âmbitos: compreensão, imaginação, organização espacial e temporal, raciocínio, expressão oral e escrita, criatividade, percepção, agilidade, abstração numérica, comunicação, concentração, memória e consciência.

2. Cumpriremos um plano de jogos para cada semana, contendo enigmas, caça-palavras, labirintos, ideogramas, embaralhadas, diretas etc., com o objetivo de exercitar todas as habilidades mentais.

3. Trata-se de um programa cuja intensidade aumenta paulatinamente. Seguiremos um roteiro de jogos que, a cada semana, ficará um pouco mais complicado.

As habilidades mentais

MEMÓRIA

Sem o hábito de exercitá-la, a memória ficará cada vez mais debilitada. Por outro lado, se a exercitarmos como convém, veremos com clareza como a memória melhora.

ATENÇÃO

A falta de atenção gera lembranças vagas e também faz com que não aproveitemos ao máximo o tempo que dedicamos a tarefas concretas.

CÁLCULO

Os exercícios de cálculo aguçam a mente e potencializam a concentração. Fazer vários tipos de cálculos, que sejam cada vez mais complexos, é um bom treinamento para não perder as faculdades mentais.

LÓGICA

Fazer exercícios de lógica reforça as sinapses das áreas do cérebro encarregadas do pensamento lógico.

LINGUAGEM

Em todas as facetas de nossa vida, são básicas a compreensão e a expressão de nosso pensamento. O desenvolvimento da capacidade verbal leva à melhora da compreensão e à aquisição de um vocabulário mais rico.

ORIENTAÇÃO ESPACIAL

A orientação nos permite conhecer o mundo tendo nós mesmos como ponto de referência.

Como avaliar os resultados?

Para contar os pontos nesses jogos, é preciso marcar o tempo. Em cada jogo, há um contador para anotar o resultado que tivermos conseguido de acordo com um destes dois sistemas:

Marcador 1: De acordo com o tempo de resolução

Devemos anotar o tempo que demoramos para resolver o jogo por completo. De acordo com o tempo empregado em minutos, marcaremos um X no campo correspondente. No exemplo a seguir, damos como referência o intervalo de 3 a 6 minutos:

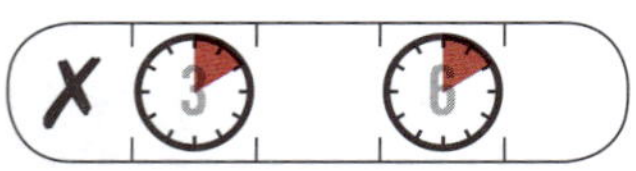

Se você demorar 3 minutos ou menos, marque o primeiro campo.

Se você demorar entre 3 e 6 minutos, marque o campo do meio.

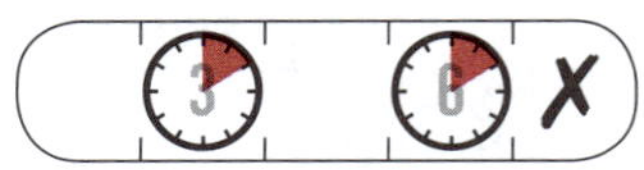

Se você demorar mais de 6 minutos, marque o último campo.

Se você abandonar o jogo, não marque campo algum. Sua pontuação será 0.

Marcador 2: De acordo com o número de respostas

São jogos com um tempo limitado de realização. Você encontrará, à esquerda do marcador, o tempo de que dispõe para realizar o jogo. Conte o número de acertos e marque o campo correspondente. Desse modo, neste exemplo, o número de acertos segue este esquema:

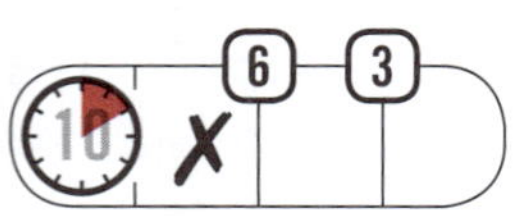

Se você acertar mais de 6, marque o primeiro campo.

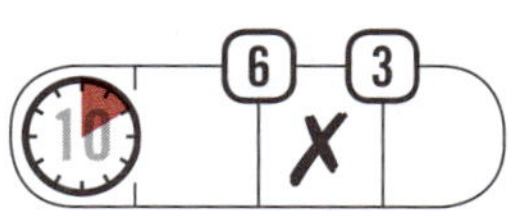

Se você acertar entre 3 e 6, marque o segundo campo.

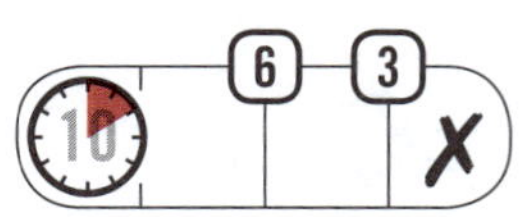

Se você acertar menos de 3, marque o terceiro campo.

Se você não conseguir nenhum acerto ou abandonar o jogo, sua pontuação será 0.

1. Quando você terminar seus exercícios diários, deve transferir os resultados obtidos para a tabela que se encontra no final do dia correspondente. Faça um círculo no campo equivalente a seu resultado para saber a pontuação que você conseguiu em cada exercício.

Avaliação diária

1	5 3 1	2	5 3 1	3	4 2 1	4	5 3 1
5	4 2 1	6	4 2 1	7	4 2 1	8	8 4 2
9	4 2 1	10	4 2 1	11	6 3 1	12	4 2 1
13	4 2 1	14	4 2 1			Total	44

2. A soma dos pontos diários nos permite saber a pontuação da semana.

3. No fim da semana, você deve somar todos os pontos conseguidos.

Semana a semana, a dificuldade dos exercícios aumentará para que o desafio pessoal de exercitar a mente seja cada vez mais complexo. E lembre-se: o importante é treinar!

Avaliação semanal

Dia 1	44
Dia 2	
Dia 3	
Dia 4	
Dia 5	
Dia 6	
Dia 7	
Total da semana	

Semana 2:
A imaginação

"A imaginação é o ponto de partida da criação.
Alguém imagina o que deseja, alguém deseja o que imagina
e acaba criando o que quer."
George Bernard Shaw

A imaginação é um processo mental através do qual podemos manejar a informação de uma forma qualitativamente distinta da habitual. Vivemos num entorno em que se fomenta o pensamento lógico acima do pensamento criativo ou fantástico. A imaginação pode nos ajudar a resolver problemas quando nos sentimos bloqueados ou a nos adaptar rapidamente às contínuas transformações a que somos submetidos.

A atividade imaginativa também se mostra fundamental para incrementar nosso senso de humor e nossa criatividade. Ainda que, talvez, o mais importante seja o fato de se tratar de uma ferramenta com que podemos traçar nosso futuro.

Objetivos da semana

A imaginação é uma forma de pensamento que está presente em cada um de nós e, ainda que pareça difícil, também pode ser treinada. Por outro lado, e exatamente como acontece com outras habilidades mentais, a falta de prática pode fazer com que a imaginação acabe se atrofiando. No entanto, se dedicarmos um pouco de tempo e esforço à atividade imaginativa, logo nos surpreenderemos tendo ideias que jamais teríamos acreditado que pudéssemos ter.

Viva o poder da imaginação!

1 **Desenvolver a originalidade**

A capacidade de criar algo novo a partir de elementos conhecidos estimula a imaginação.

2 **Aumentar a flexibilidade**

A flexibilidade é uma capacidade que nos ajuda a adaptarmo-nos mais depressa às mudanças e nos liberta de nossos próprios limites.

3 **Frear a crítica**

Saber detectar e frear aqueles pensamentos que limitam nossa imaginação pode ter resultados altamente gratificantes e libertadores.

4 **Aumentar a fluência e a produtividade**

Encontrar ideias ou respostas imaginativas requer um esforço mental e um grande investimento de energia, embora estes sejam menores se estivermos treinados.

5 **Jogar com as ideias**

O principal mecanismo da imaginação consiste em descobrir relações entre ideias, feitos ou objetos que normalmente se encontram distanciados.

6 **Redefinir: mudar as circunstâncias**

Trata-se de um conceito que faz referência à capacidade de encontrar usos, funções ou significados diferentes dos habituais.

7 **Treinar o uso da linguagem metafórica**

A linguagem simbólica e metafórica nos ajuda a sintetizar uma grande quantidade de informação.

Dia 1

Desenvolver a originalidade

A capacidade de gerar algo novo a partir de elementos conhecidos estimula a imaginação. Isso pode nos ajudar a encontrar soluções para os problemas com que temos de lidar no cotidiano. Nas horas vagas de hoje, vamos tentar realizar uma série de exercícios para fomentar a originalidade.

1 Jogo dos erros

Você pode encontrar as sete diferenças que existem entre estas duas imagens?

Lembre-se:

Jogue durante 2 minutos. Se, nesse tempo, você descobrir 5 diferenças ou mais, marque o primeiro campo. Se descobrir entre 2 e 5, marque o segundo. E se encontrar menos de 2, marque o terceiro.

2 Atrizes

Neste jogo, apresentamos as fotos retocadas de quatro atrizes muito famosas junto das letras de seus nomes embaralhadas. Jogue com as letras para descobrir como se chama cada uma delas.

Escolha seis palavras ao acaso e liste-as em uma página em branco. Depois crie uma história incluindo essas seis palavras. O exercício pode ser feito em grupos em que cada participante redigirá seu texto. Ouvir as histórias dos outros irá estimular sua imaginação.

3 Balanças

5x3

Sabendo que o quadrado pesa 8 quilos, quanto pesam o triângulo e o pentágono?

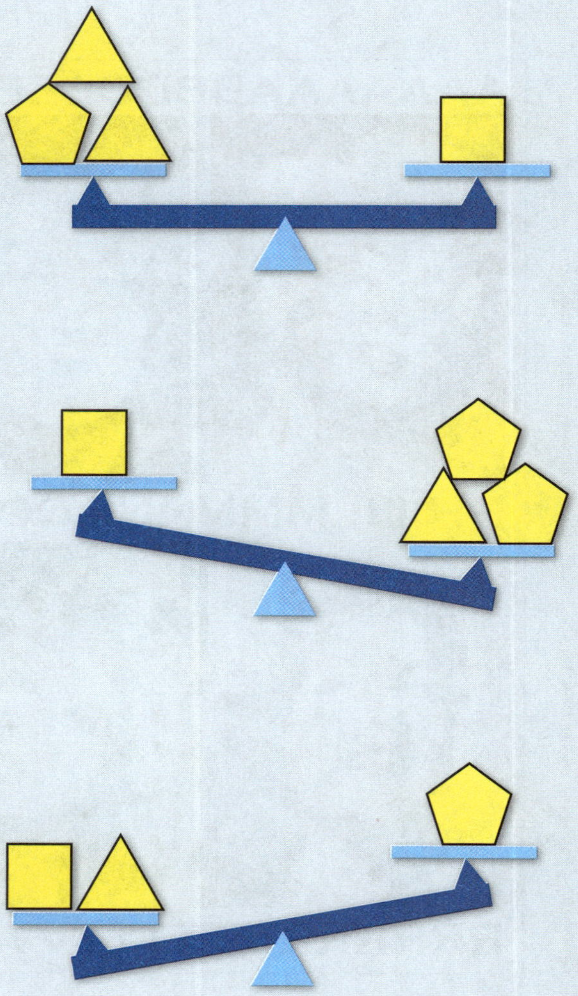

Lembre-se:

Se você terminar em menos de 1 minuto, marque o primeiro campo. Se levar de 1 a 3 minutos, marque o segundo. E se demorar mais de 3, marque o terceiro.

4 Círculos mágicos

5x3

Nesta atividade, você deve inserir os números nos círculos azuis de forma que o total de cada círculo laranja seja o mesmo.

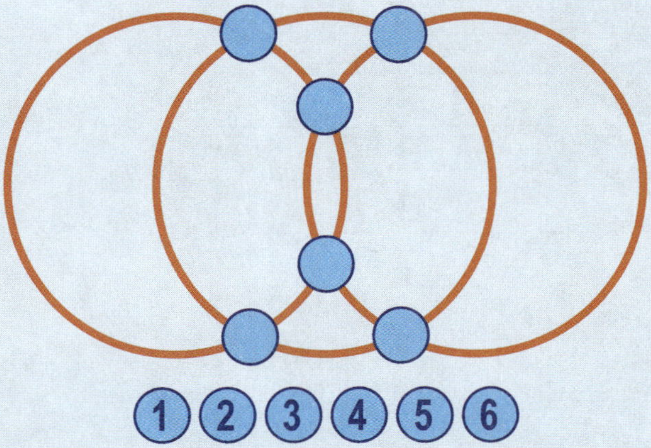

5 3D

Quando o ponto de vista não é o habitual, as imagens em três dimensões testam sua capacidade de visão espacial. Neste jogo, pegamos o título de um filme célebre e o giramos. Você sabe de que filme se trata?

6 Blocos

Diferentemente dos outros jogos deste tipo, aqui você não tem definição alguma de palavras para lhe servir de ajuda. No entanto, depois de encaixar todos os blocos, descobrirá o trecho de uma famosa música do Legião Urbana (3 já estão encaixados em seus lugares como exemplos).

			R	E	C			
			A	R	■			
			S	O	A			
E	N	S				■	N	A
■	V	E				D	E	■
N	Ã	O				.	.	.

A	R	,
R	D	A
■	H	Á

R	E	C
A	R	■
S	O	A

O	M	O
O	■	H
E	■	A

R	Q	U
O	C	Ê
■	P	R

É	■	P
■	A	M
P	E	S

E	■	S
■	P	A
A	■	P

■	P	O
E	■	V
R	A	R

E	N	S
■	V	E
N	Ã	O

■	N	Ã
E	S	S
H	Ã	,

I	S	O
A	S	■
S	■	C

■	N	A
D	E	■
.	.	.

■	S	E
O	U	V
M	A	N

7 Em comum

Qual é o animal que tem tantas letras quanto a maioria dos que aparecem na lista e, além do mais, tem duas, e apenas duas, letras em comum com cada um deles?

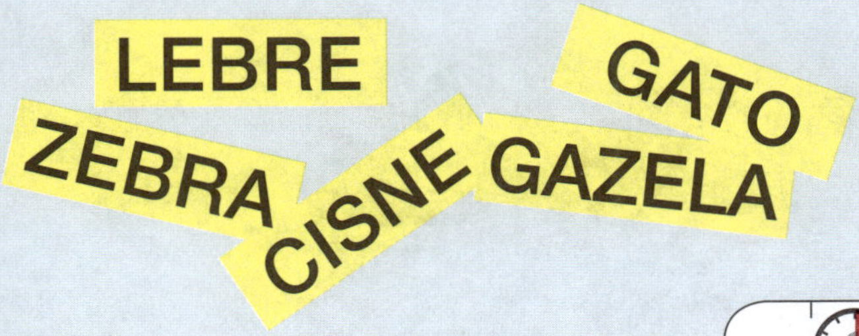

8 Alfabeto

Qual é o critério de ordenação do alfabeto?

9 Adivinhação

A maior parte das adivinhações tem como solução uma brincadeira ou um jogo de palavras. Outras são parecidas com uma charada, cuja resposta vem determinada pela dedução lógica a partir de dicas. Aqui, apresentamos o seguinte:

Qual é o significado de VOLVII, em português?

10 Animais

Observe este "zoológico" durante o tempo que quiser e memorize a que letra cada animal está associado. Depois, cubra-o e tente descobrir a palavra do exercício. Para ficar mais fácil, damos uma dica para você.

Alô?

11 Círculo de palavras cruzadas

As respostas das cinco definições deste círculo de palavras cruzadas estão no sentido horário. O final de cada palavra se mistura a uma ou mais letras do início da palavra seguinte.

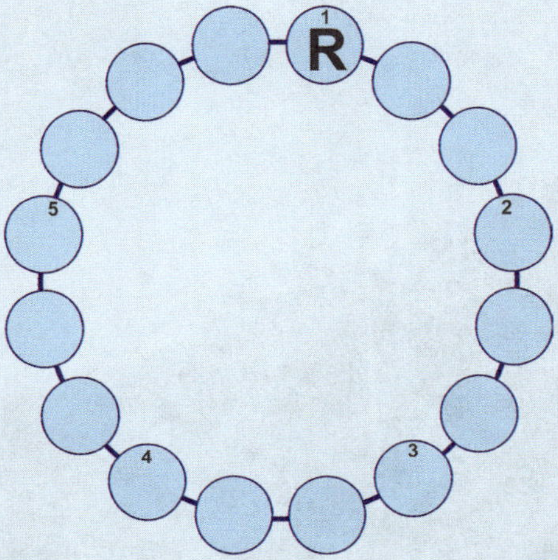

1. Desgastar com os dentes.
2. Detector de velocidade nas estradas.
3. Odor; perfume.
4. Cobertor de lã.
5. Fechar; vedar.

12 Acróstico

Neste exercício, você deve descobrir a que se referem as definições e escrever as respostas no quadriculado. Depois de completar todos os campos, na coluna A, você encontrará uma palavra misteriosa.

1. Rápido; ligeiro. Falta de sorte.
2. Rua estreita e sem saída. Peça para trancar.
3. Estado cuja capital é Rio Branco. Roedor doméstico.
4. Lugar no qual o navio atraca. Terceiro mês do ano.
5. Mira. Sacola.
6. Pessoa que possui o mesmo nome. Peça que aciona a bicicleta.
7. Barco de luxo. Lado da moeda.

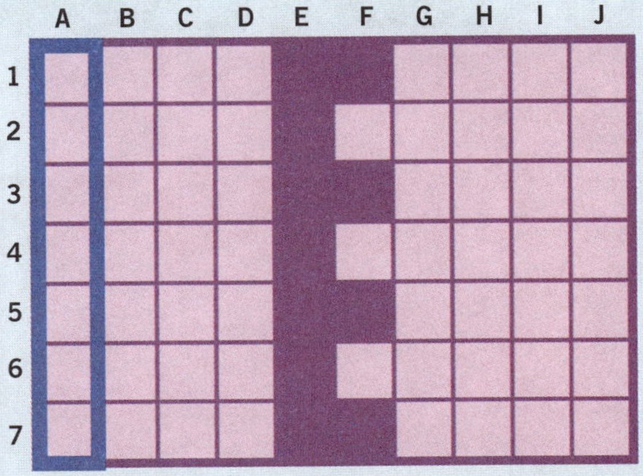

5 3

13 Cidades

Observe abaixo a imagem da cidade localizada na região serrana do sudeste brasileiro e desembaralhe as letras para descobrir-lhe o nome.

L P O T E S I R P Ó

14 Recortes

Apenas com um dos quatro conjuntos de peças abaixo é que se pode formar esta imagem. Você sabe qual é?

A

B

C

D

Crie um pequeno texto destinado a vender um antídoto contra a valentia e outro que divulgue um detector de mentiras.

Avaliação diária

Dia 1

1	5 3 1	2	5 3 1	3	5 3 1	4	5 3 1
5	5 3 1	6	8 4 2	7	5 3 1	8	5 3 1
9	5 3 1	10	5 3 1	11	5 3 1	12	5 3 1
13	5 3 1	14	5 3 1			**Total**	

- Se você somou mais de **58** pontos, não baixe a guarda e seu cérebro continuará em forma.
- Se você conseguiu entre **29** e **58** pontos, obteve um resultado mediano. Se continuar treinando, talvez consiga fazer melhor.
- Se a sua pontuação não chegou a **29**, você precisa melhorar. Não desanime. Você acaba de começar. Tudo é questão de treino.

Dia 2

Aumentar a flexibilidade

A flexibilidade é uma habilidade que nos ajuda a adaptarmo-nos às mudanças mais depressa e nos liberta de nossos próprios limites. É uma habilidade necessária para cultivar a imaginação. Abrir a mente nos ajuda a superar atitudes rígidas, das quais muitas vezes não temos consciência.

1 Jogo com fósforos

Partindo da imagem inicial, tente fazer estas duas operações:

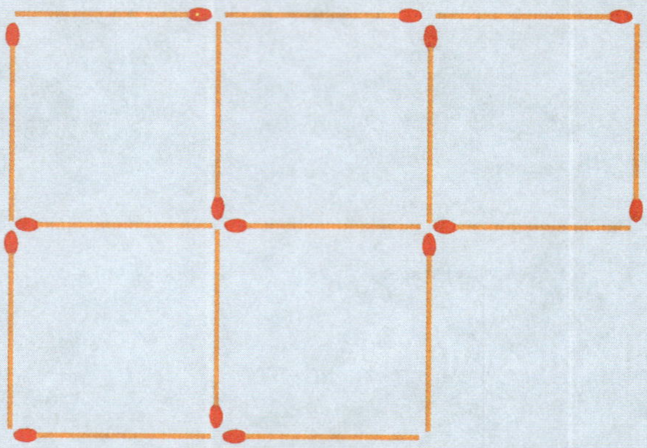

1. Tire três fósforos de modo que restem apenas 3 quadrados.
2. Retire apenas dois para que sobrem também 3 quadrados.

2 Imagens distorcidas

Este jogo é baseado em uma imagem distorcida. Para descobrir o que ela esconde, você deve olhar o livro de outro ponto de vista.

A resposta aparecerá num piscar de olhos.

3 Estrelas mágicas

5x3

Ao lado desta estrela mágica estão os números que você tem de inserir para que a soma dos números de cada linha seja a mesma.

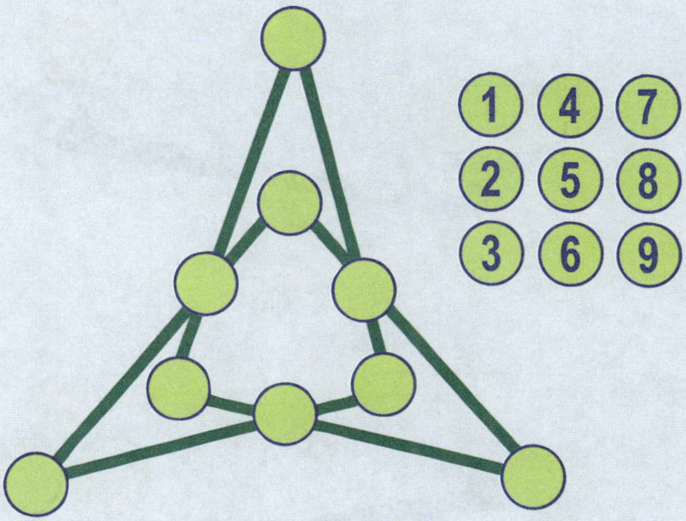

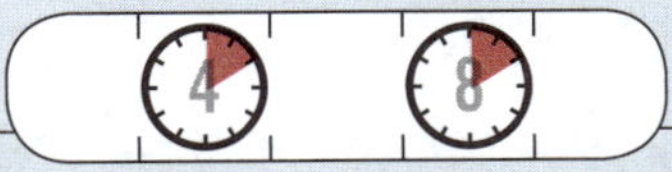

Um bom costume para desenvolver a imaginação é observar elementos com formas ambíguas, como nuvens, manchas etc., e se perguntar o que poderiam ser. Hoje, olhe para o céu durante 5 minutos e brinque de ver formas nas nuvens.

Escolha uma notícia atual ou um acontecimento relevante e tente imaginar que ideais você teria a respeito e que imagem teria do mundo se você fosse:

a) um menino de 9 anos;

b) um estudante moçambicano;

c) o agricultor de um povoado distante;

d) um empresário idoso inglês.

4 Balanças

5x3

Sabendo que o quadrado pesa 7 quilos, quanto pesam o hexágono e o círculo?

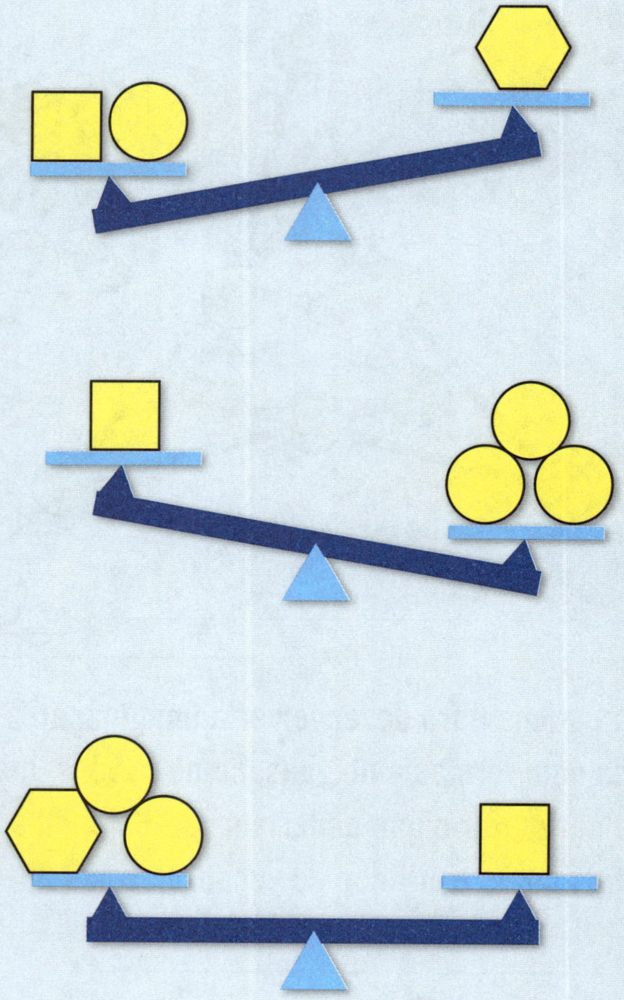

5 Anel de palavras

Reordene as letras do anel para formar uma palavra utilizando todas as letras apenas uma vez. Depois de encontrar o termo, aplique toda a sua capacidade verbal para descobrir quantas palavras de três letras você consegue formar com as que aparecem no anel.

6 Que letra falta?

Observe a sequência abaixo e descubra a letra que deve substituir o ponto de interrogação.

7 Direta simples

As diretas simples, que também podem ser chamadas de rápidas, testam seu vocabulário e sua cultura geral. São um aquecimento perfeito antes de você enfrentar outras diretas mais complexas.

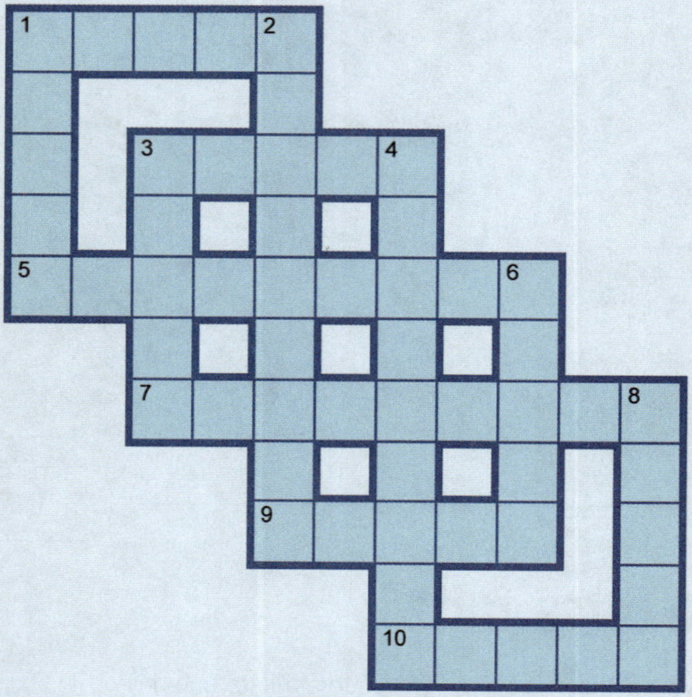

Horizontais

1. Produto da celulose.
3. Serpente.
5. Surpreso; espantado (pl.).
7. Inserir nova identificação na página.
9. Enfeitar; adornar.
10. Fecho plástico de malotes.

Verticais

1. Linha do caderno.
2. Edifício com inúmeros corredores.
3. Alimentar-se.
4. Relativo à musculatura da barriga.
6. Curar.
8. Tipo de espingarda.

8 Jogada de xadrez

Tente memorizar as peças do tabuleiro. Em seguida, cubra-o e escreva a jogada necessária para que as brancas ganhem em um único movimento.

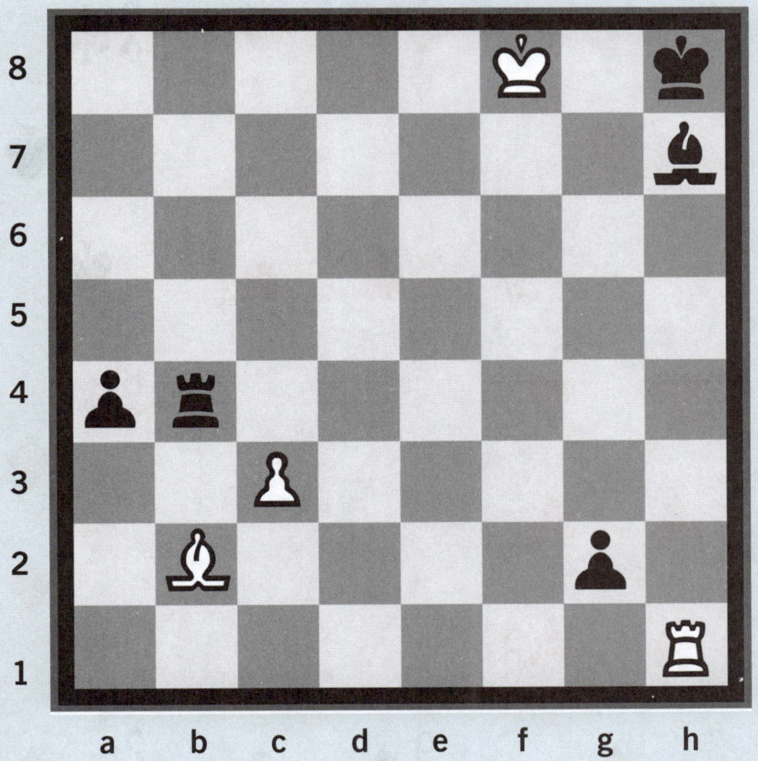

Se você for capaz de se lembrar e enumerar todas as peças que há no tabuleiro, sua memória é muito boa e será magnífica se, além disso, você também se lembrar da posição de cada uma.

6 3

9 Baralho

Que carta deveria ser posta no centro?

10 Bandeiras marítimas

Estude estas bandeiras marítimas durante o tempo que quiser e memorize a que letra cada uma delas está associada. Depois, cubra-as e tente "ler" a palavra do exercício. Para facilitar, damos uma dica para você.

Pra frente!

11 Provérbio em fichas

Estas fichas escondem um provérbio conhecido:

12 Embaralhadas

Separe mentalmente as letras e ordene-as da maneira adequada para descobrir a palavra que escondem. Uma dica: trata-se de um animal.

13

Definições

As árvores não deixam você ver o bosque? Aqui, há quatro definições para cada uma destas quinze palavras: uma está correta e as demais pretendem enganá-lo. Você consegue encontrar um bom caminho?

1. Fuinha
A. Semente. B. Mamífero. C. Planta. D. Condimento.

2. Cardigã
A. Peça de roupa. B. Homem rude. C. Medicamento. D. Artesão.

3. Maniçoba
A. Mosquito. B. Soldado. C. Parte do fogão. D. Prato típico.

4. Semieixo
A. Átrio. B. Parte da vela. C. Mineral. D. Parte do carro.

5. Ária
A. Adivinhadora. B. Composição musical. C. Loura. D. Astuta.

6. Coprólito
A. Fóssil. B. Fobia. C. Cargo público. D. Inseto.

7. Godê
A. Peixe. B. Tipo de corte do tecido. C. Pedra. D. Refogado.

8. Rabilonga
A. Símio. B. Construção. C. Ave. D. Com raiva.

9. Desídia
A. Ódio. B. Deusa. C. Empregada. D. Negligência.

10. Nicho
A. Vão. B. Prato típico. C. Planta. D. Pombal.

11. Panamá
A. Mulher simples. B. Tecido. C. Doença. D. Alimento.

12. Cação
A. Homem sujo. B.Colchão de palha. C. Tubarão. D. Ferramenta.

13. Brasido
A. Crustáceo. B. Brasa. C. Parte do verme. D. Nota esclarecedora.

14. Armazém
A. Palangana. B. Parte do monastério. C. Fole. D. Loja.

15. Corriola
A. Grupo. B. Sujeira. C. Riso. D. Planície.

4 12 6

Por hábito, seguimos regras a que estamos acostumados sem sequer questioná-las. Que norma social você aceita por instinto e poderia rever nos dias de hoje? Anote-a e tente imaginar as consequências positivas e negativas que surgiriam se você não seguisse essa norma.

14 Recortes

Apenas com um dos quatro conjuntos de peças abaixo a imagem de cima pode ser formada. Você sabe qual é?

A

B

C

D

Avaliação diária

Dia 2

1	5 3 1	2	5 3 1	3	5 3 1	4	5 3 1
5	5 3 1	6	5 3 1	7	8 4 2	8	5 3 1
9	5 3 1	10	5 3 1	11	5 3 1	12	5 3 1
13	8 4 2	14	5 3 1			Total	

- Se você somou mais de **60** pontos, parabéns! Tente continuar no mesmo nível.
- Se você conseguiu entre **30** e **60** pontos, obteve um resultado mediano. Com a prática diária, chegará muito longe.
- Se a sua pontuação não chegou a **30**, você precisa melhorar. Continue jogando com atenção e certamente alcançará resultados melhores.

Dia 3

Frear a crítica

Saber detectar e frear aqueles pensamentos que limitam nossa imaginação — e, portanto, nossa liberdade de pensamento — é de especial interesse para se poder exercitar a atividade imaginativa e aplicá-la aos problemas do cotidiano. É um exercício difícil, pois esse tipo de pensamento costuma ser automático. É preciso dar uma atenção especial a isso. Tente se desfazer de pensamentos como esse e você comprovará que os resultados serão muito gratificantes e libertadores.

1 Montão

Observe o montão de objetos e responda às perguntas:

1. Quantos objetos há?

2. Que objeto não é uma ferramenta?

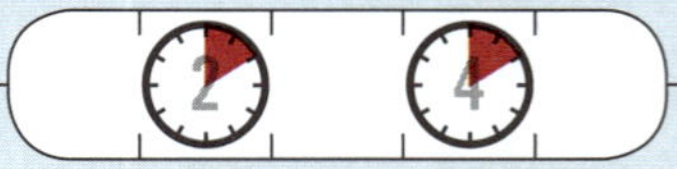

2 Retículas

Identifique cada peça abaixo na retícula até preenchê-la por completo. Para facilitar a resolução do jogo, nenhuma peça foi girada.

3 Fichas em branco

5x3

Neste exercício, você deve pôr as fichas da direita sobre as que aparecem em branco, de modo que os pontos somem as quantidades marcadas acima e ao lado.

4 Rainhas no tabuleiro

O objetivo deste exercício é pôr as dez rainhas no tabuleiro sem que uma ameace a outra.

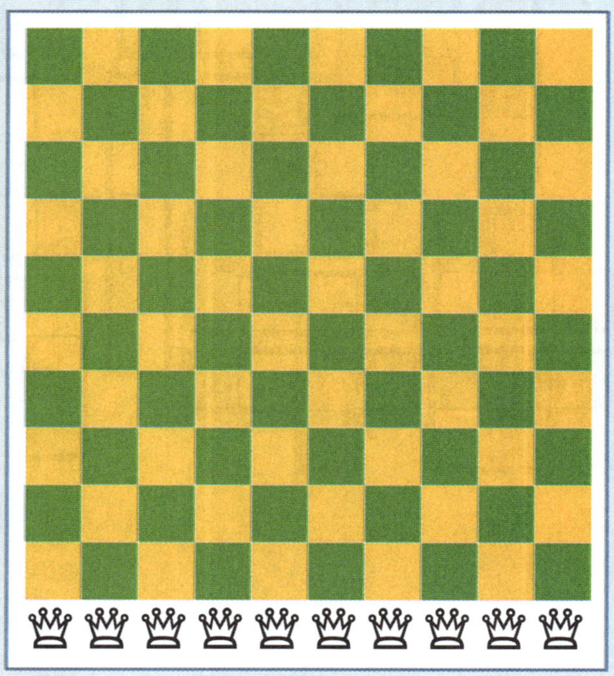

5 Direta

Resolva a Direta abaixo. Você tem apenas que descobrir a que palavra cada uma se refere e escrevê-la na direção indicada pela seta.

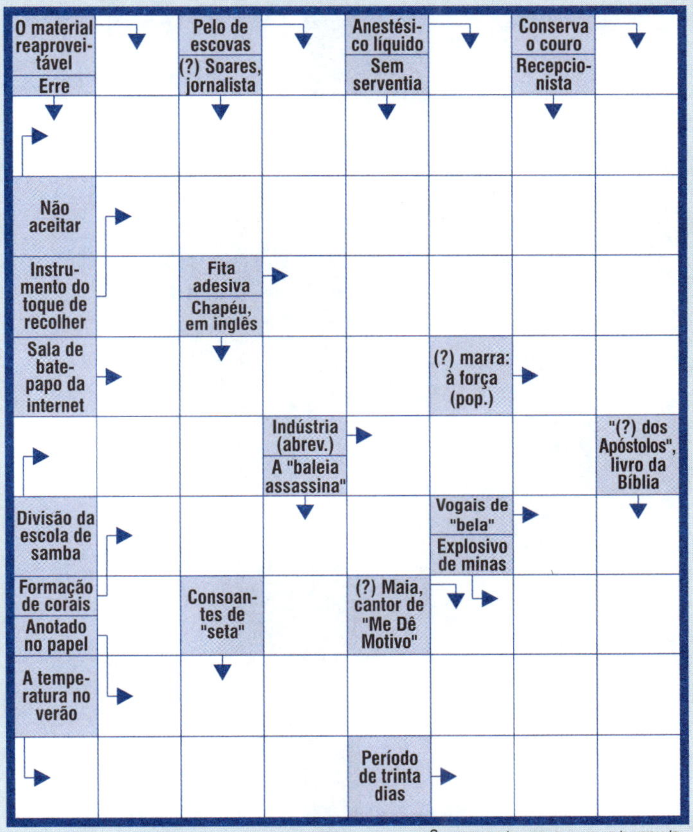

3/hat. 4/chat – orca. 5/cerda – graxa.

Tente ficar atento aos seguintes pensamentos fatalistas: "sempre foi assim e não pode ser de outra maneira"; "estou velho demais para tentar mudar as coisas"; "todo mundo pensa igual"; "acho que não conseguiria nunca"... Mude as expressões usando termos probabilísticos como: "com frequência"; "talvez"; "quem sabe?"; "poderia ser que" etc.

6 Embaralhadas

Quantas palavras você consegue formar usando todas estas 6 letras?

7 Cores

Com que critério estas cores foram ordenadas?

8 O caixa

5x3

Imagine que você trabalha em um supermercado e que alguns clientes, apesar de bem-intencionados, não facilitam o troco. Neste jogo, você deve calcular mentalmente qual é o troco que precisa dar a partir do dinheiro que recebe.

9 Serpentes

Em todos os campos deste jogo vai uma letra. Seguindo as linhas no sentido horário, dá para ler as palavras que começam nos campos marcados e cujas definições oferecemos. Cada palavra se mistura com uma ou mais letras da palavra seguinte.

1. Profissional formado em Direito.
2. Adestrador.
3. Inflexível.
4. Lá ao longe.
5. A matéria-prima do papel.
6. Ódio.
7. Preço.
8. Órgão responsável pela audição.

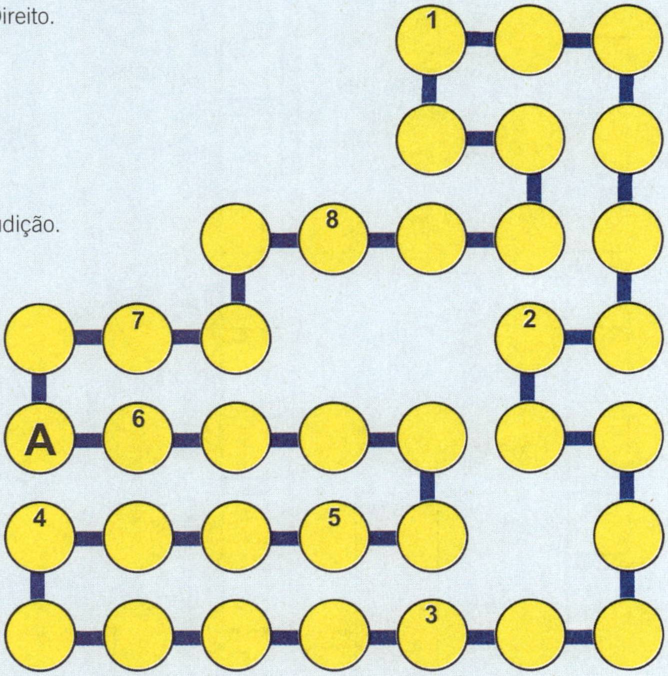

7 3

10 Associar palavras

Estude estes doze pares de palavras durante 10 minutos.
Use a imaginação para criar associações entre cada par de palavras, de modo que você recorde o máximo possível. Depois, cubra a lista.

campo **tâmara**	**esqui** **lápis**	**xadrez** **relógio**	**pirulito** **grampeador**
cartão **tomate**	**borracha** **barco**	**prefeitura** **falcão**	**leite** **caderno**
bruxa **pedra**	**noz** **tubarão**	**tesoura** **guindaste**	**água** **carro**

Ponha uma mesma letra ou um mesmo número nas duas palavras de cada um dos pares, de modo que você recomponha os doze pares anteriores.

☐ noz	☐ guindaste	☐ tâmara
☐ campo	☐ cartão	☐ leite
☐ grampeador	☐ xadrez	☐ água
☐ falcão	☐ prefeitura	☐ esqui
☐ pirulito	☐ carro	☐ barco
☐ pedra	☐ tomate	☐ tubarão
☐ bruxa	☐ lápis	☐ tesoura
☐ relógio	☐ borracha	☐ caderno

11 Caça-palavra

Observe os desenhos e as palavras durante o tempo que for preciso. Depois, vire a página.

Agora, tente localizar, neste diagrama de letras, os 20 objetos e palavras da página anterior de que você se recordar.

N R O D A E P M A R G Y L

E X W G L W T A S I M A C

S G U A R D A C H U V A A

T L I N S K I F V M X T G

I V E N O F E L E T A K S

L N J F R C V Z H V D O A

I C E U W A K B A T T N S

N F L M T R S R B A C T P

G R N P W R G M P M A J I

U D H A X I V A D F M I R

E G F C I N S R L Z I M A

Z Z A O N H Z E V F N Y D

R H M T G O F L X I H E O

E Z I E M D S O G L O T R

G S Z X V E F G T H T N D

A T A E N M D I Y O T E E

D H D Z M Ã S O X T N M P

O V E B D O D F D E L N O

R R X F M E G A S I A P J

M O T A R T E R O T I P A

Formule de maneira concisa um problema preocupante. Depois, escreva o maior número de soluções que lhe vier à cabeça. Anote todas, sem julgar sua idoneidade, por mais disparatadas que pareçam. Por último, gere várias soluções combinando algumas das ideias propostas. Agora é o momento de fazer um julgamento de valor sobre as alternativas.

12 Quiz

Ao transportar as letras das respostas corretas para os campos a seguir, você encontrará um nome tipicamente americano.

1	2	3	4	5

1. Em que século Michelangelo se encarregou de pintar a Capela Sistina?

J. XVI
K. X
M. XVIII
D. XIX

2. Em qual dos seguintes filmes Robert Mitchum não atuou?

H. "Cabo do Medo"
I. "O Intrépido General Custer"
B. "A Noite do Caçador"
O. "Os amigos de Eddie Coyle"

3. Qual destes pintores é considerado pontilhista?

M. George Seurat
S. Pablo Ruiz Picasso
T. Salvador Dalí
A. Joaquín Sorolla

4. Que país ganhou o Mundial de Futebol sediado pela França em 1998?

V. Alemanha
H. Itália
M. França
S. Brasil

5. Qual é o nome popular de *Echinocactus grusonii*?

U. Saguaru
G. Flor-de-maio
H. Figueira-da-barbária
Y. Assento-de-sogra

2 4 2

13 Silhuetas

Preste atenção à imagem e responda:

1. Quantos animais são?
2. Quantos deles são mamíferos?
3. De que cor são os esquilos?
4. Qual é a cor do maior animal da imagem?

14 Recortes

Apenas com um dos quatro conjuntos de peças abaixo a imagem de cima pode ser formada. Você sabe qual é?

A B C D

Responda por escrito às perguntas:
O que faz com que você ache uma pessoa antipática?
Que tipo de pessoa você não desejaria como companheira de seu filho ou de sua filha?
Em seguida, escreva ao menos três características positivas que podem ser encontradas no tipo de pessoa descrito.

Avaliação diária

Dia 3

1	4 2 1	2	5 3 1	3	5 3 1	4	5 3 1
5	5 3 1	6	5 3 1	7	5 3 1	8	5 3 1
9	5 3 1	10	8 4 2	11	8 4 2	12	5 3 1
13	5 3 1	14	5 3 1			Total	

- Se você somou mais de **59** pontos, muito bem! Em meia semana, você já chegou a um nível alto.
- Se você conseguiu entre **30** e **59** pontos, obteve um resultado mediano. Está indo bem. Continue nesse caminho.
- Se a sua pontuação não chegou a **30**, você precisa melhorar. Continue tentando.

Dia 4

Aumentar a fluência e a produtividade

Encontrar ideias ou respostas imaginativas requer um esforço mental e um grande investimento de energia. À medida que você for praticando, notará maior agilidade nesse processo. Também é importante exercitar a velocidade de resposta, já que isso pode ajudar a melhorar sua capacidade resolutiva.

1 Montão

Neste montão de bolas, você consegue identificar o que está sobrando?

Desafie um amigo ou a si mesmo a um duelo de utilidades.
Anote em um papel:
a) o que poderiam fazer com as velhas listas telefônicas?
b) de que maneiras se pode melhorar a sala de espera de um hospital?
c) que objetos cotidianos poderiam ser melhores se fossem flexíveis em vez de rígidos?
Ganhará quem apresentar a maior quantidade de respostas em um tempo determinado.

2 Caça-palavra

Encontre nesta "maçã" as 15 frutas da lista.

MORANGO	TANGERINA	MELÃO	MAMÃO	TORANJA
ROMÃ	MAÇÃ	LARANJA	PERA	MELANCIA
LIMÃO	PÊSSEGO	NECTARINA	BANANA	UVAS

```
                Z S
                F A
                M V
    B F G       G U     E T A
  M G B Y H B T Z I N Z A
L T A B A N A N A I F I N I
A B X M X W L J R I C T K J
R I M W Ã H T A V N M R X P
A Y A S I O T H A M E O J E
N W Ç Z J C K L G M L M H R
J S Ã M E K E N X R Ã Ã T A
A I I N G M R G Y D O S X J
  R Z Z W M O R A N G O S
  A N I R E G N A T N W B
    O Ã M I L M S Z M Y
    Z J I T O R A N J A
      M V N Y V Y I W
      E P E S S E G O
          L X L I
```

8 4

4

Desenhe em uma página o máximo de círculos com aproximadamente este tamanho ◯ que couber. Durante dois minutos, faça um desenho a partir de cada círculo sem repetir nenhum. Quantos desenhos você conseguiu fazer?

3 Moedas

5x3

Como se fosse um jogo de palitinhos, neste exercício, algumas casas do diagrama abaixo contêm moedas, e você terá de verificar a combinação que há em cada fila e coluna para que a soma coincida com o resultado que damos na margem. É preciso ter em mente que pode haver apenas 0, 1, 2 ou 3 moedas em cada campo.

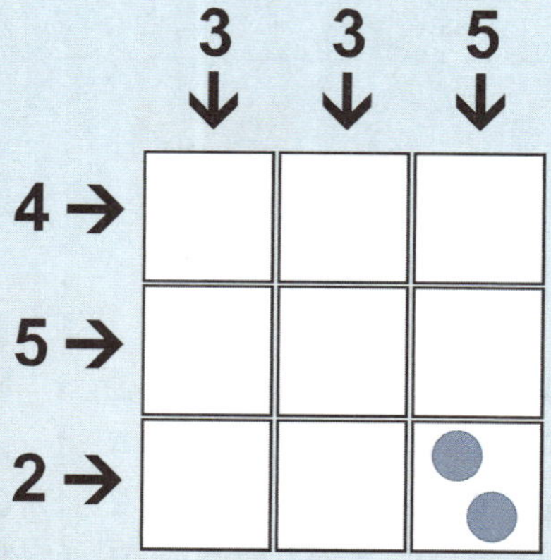

4 Enigma de números

Siga as instruções para chegar ao resultado correto. A primeira cifra do número à esquerda corresponde ao dígito A; a segunda, ao B; e assim sucessivamente. Se, no processo, a primeira cifra e a última forem iguais, elimine as duas. Se houver duas cifras iguais seguidas, elimine as duas também. O jogo é resolvido quando restar apenas um dígito. Sendo assim, memorize o número à esquerda. Depois cubra-o e siga as instruções à direita, até se deparar com o resultado. Para facilitar as coisas, escreva o resultado de cada instrução ao lado dela.

51651

Troque C com D.
Troque B com C.

5 Dados e letras

Neste jogo, cada dado tem uma letra em cada uma de suas seis faces, das quais você só pode ver três. Tente encontrar a palavra sugerida por cada dica, com base nas letras que você vê, e anote-a no quadro.

1. Dimensão; tamanho.
2. Óleo de oliva.
3. Ligeiro; veloz.
4. Mamífero roedor.
5. Gesticular.
6. Quadro; pintura.
7. Arbitrar (jogo).
8. Calçado.
9. Expedição na selva africana.
10. Mercadoria em promoção.

1						
2						
3						
4						
5						
6						
7						
8						
9						
10						

★ **Quando você completar o exercício, as letras corretas da primeira coluna, que têm um fundo azul, formarão outra palavra.**

5 3

6 Balanças

5x3

Sabendo que o círculo pesa 2 quilos, quanto pesam o quadrado, o pentágono e o hexágono?

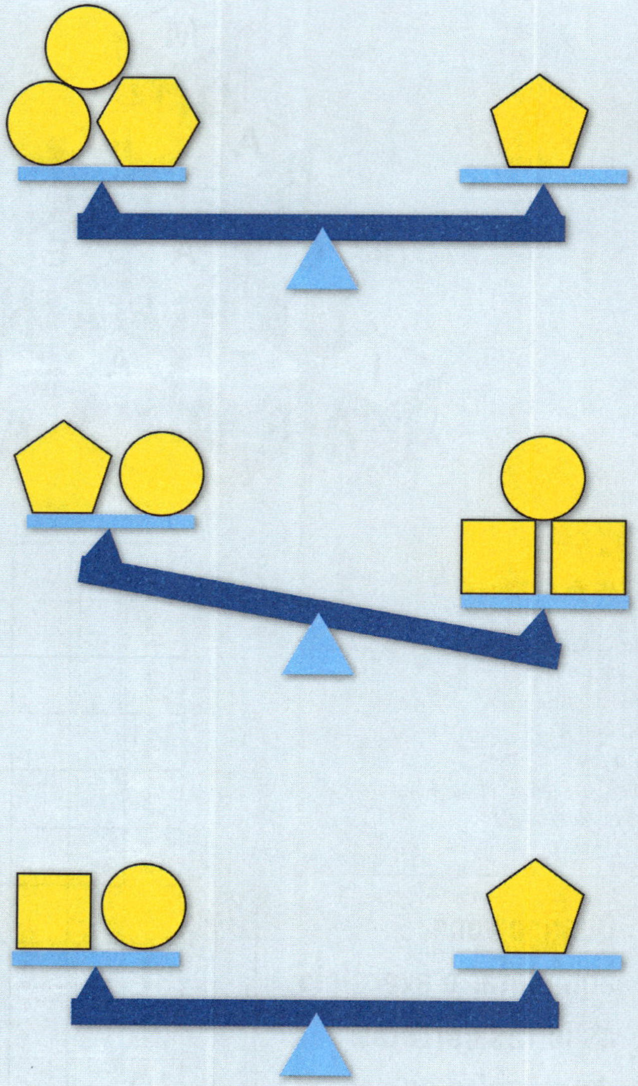

7 Cruzadox

Neste jogo, você deve pôr as palavras da lista nos lugares corretos do quadriculado. Posicione cada palavra partindo de seu número de letras e depois verifique quais palavras a cruzam.

3 LETRAS	5 LETRAS	6 LETRAS	7 LETRAS	9 LETRAS
CAÁ	APURO	AMORAL	AMARGOR	FRENÉTICO
CIA	ATIVA	BROTAR	APOSTAR	GRAMÁTICA
	BRASA	BURACO	ATOLADA	
	CALOR	LISURA	BIROSCA	
	COMUM	OFERTA	POÉTICO	
	ÉVORA	PATROA	REINADO	
	REINO		SUSPIRO	
	RESMA		ULTIMAR	
	RUMBA			
	SISMO			

8 Hieróglifo

Você deve ter sempre em casa.

9 Bandeiras

As bandeiras, além de muito coloridas, servem para muitos jogos de lógica. Para começar, você deverá identificar a que países elas correspondem, por mais que pareça uma missão difícil. Depois, deverá descobrir o critério seguido na disposição das bandeiras.

10 Labirinto

Começando pela entrada superior, qual é o caminho para encontrar a saída pela parte inferior?
Se você fizer o exercício sem utilizar um lápis, treinará melhor sua mente.

11 Ler textos e responder às perguntas

Você compreende bem os textos que lê? É capaz de recordá-los com todos os detalhes? O exercício a seguir testará sua capacidade de reter informações. Leia o relato uma única vez, com atenção a todos os detalhes. Depois, responda às perguntas sem voltar a consultar o texto.

Mica é uma cadela singular. Seus primeiros donos não gostavam nada dela, já que a abandonaram no alto de um morro quando ainda era filhote. Passou mais de quatro dias chorando, morta de fome e de frio, com saudade da mãe. Até que, por sorte, topou com seus donos atuais. Eles a acolheram, apesar de ela parecer doente, e a levaram ao veterinário. Mica ficou internada durante nove dias, pois tinha um parvovírus que punha sua vida em perigo. No fim das contas, com os cuidados do veterinário, conseguiu seguir adiante. Agora vive tranquila com seus donos, José e Ana. Ela gosta de correr pelo corredor e brincar de morder os brinquedos que ganhou de presente. Mica é branca e preta. É uma cadela mestiça, ainda que se suponha que seja de uma raça de caça. Seu olfato é prodigioso. Põe-se a rastrear e está sempre farejando o ar. Com seus novos donos, Mica é uma cadela feliz.

1. Como se chama a protagonista?
2. Quando a abandonaram?
3. Onde a abandonaram?
4. Quantos dias ela passou abandonada?
5. Como se chamam seus novos donos?
6. Quantos dias passou internada?
7. Qual foi o diagnóstico?
8. De que cor é Mica?
9. Qual é a sua brincadeira preferida?
10. De que raça ela é?
11. Ela tem um bom olfato?

12 Estados escondidos

Neste passatempo, você não só testará sua capacidade de observação como também seus conhecimentos de geografia. Mais abaixo, há um mapa do Brasil com os estados, e em cada um deles dá para ver duas letras que não correspondem às suas siglas. No exercício, você deve deduzir e localizar cinco estados brasileiros e, com as letras que cada um deles tem no mapa, ordenadas adequadamente, descobrir uma palavra.

1. Estou situado na Região Sudeste e meu nome possui 11 letras.
2. Localizado na Região Norte, a minha capital é Manaus.
3. Tenho como limites Santa Catarina, oceano Atlântico, Uruguai e Argentina.
4. Minha capital é Teresina.
5. Sou o terceiro maior estado do país em área.

PALAVRA OCULTA: _ _ _ _ _ _ _ _ _ _

5 4 2

4

13 Bússolas

Comece no campo laranja situando mentalmente sobre ele a primeira bússola, que indica em que direção se encontra a letra seguinte. Ponha nessa segunda letra a segunda bússola para descobrir a terceira letra e assim sucessivamente. Quando você terminar, terá as letras que compõem o nome artístico de um ator.

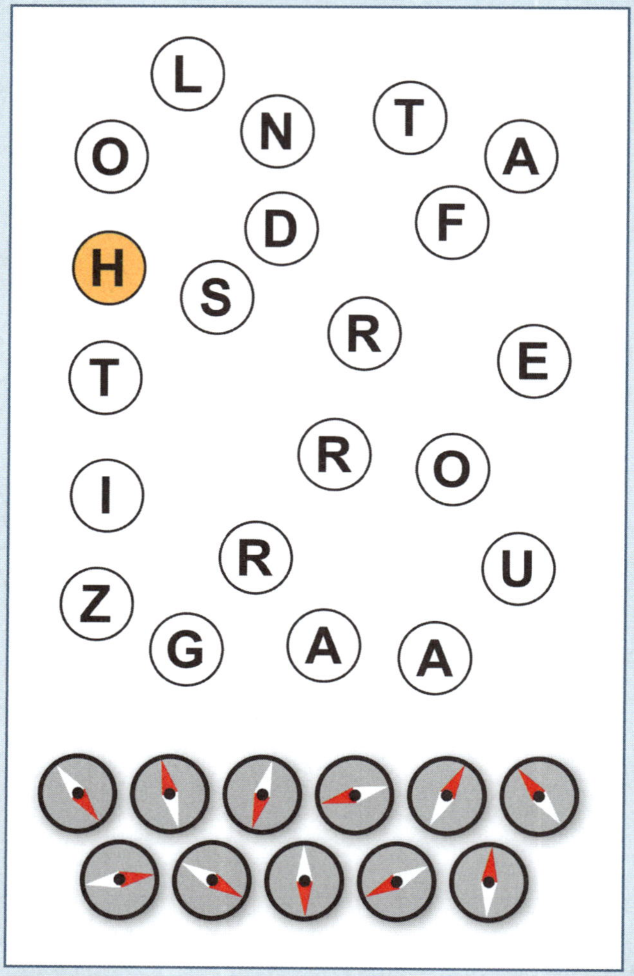

Escreva num papel todas as rimas que você encontrar para a palavra "viagem". Acha que poderia escrever um refrão com algumas delas?

14 Sobre plantas e aeronaves

Marque as três visões de cada helicóptero. Em um deles, falta a visão frontal.

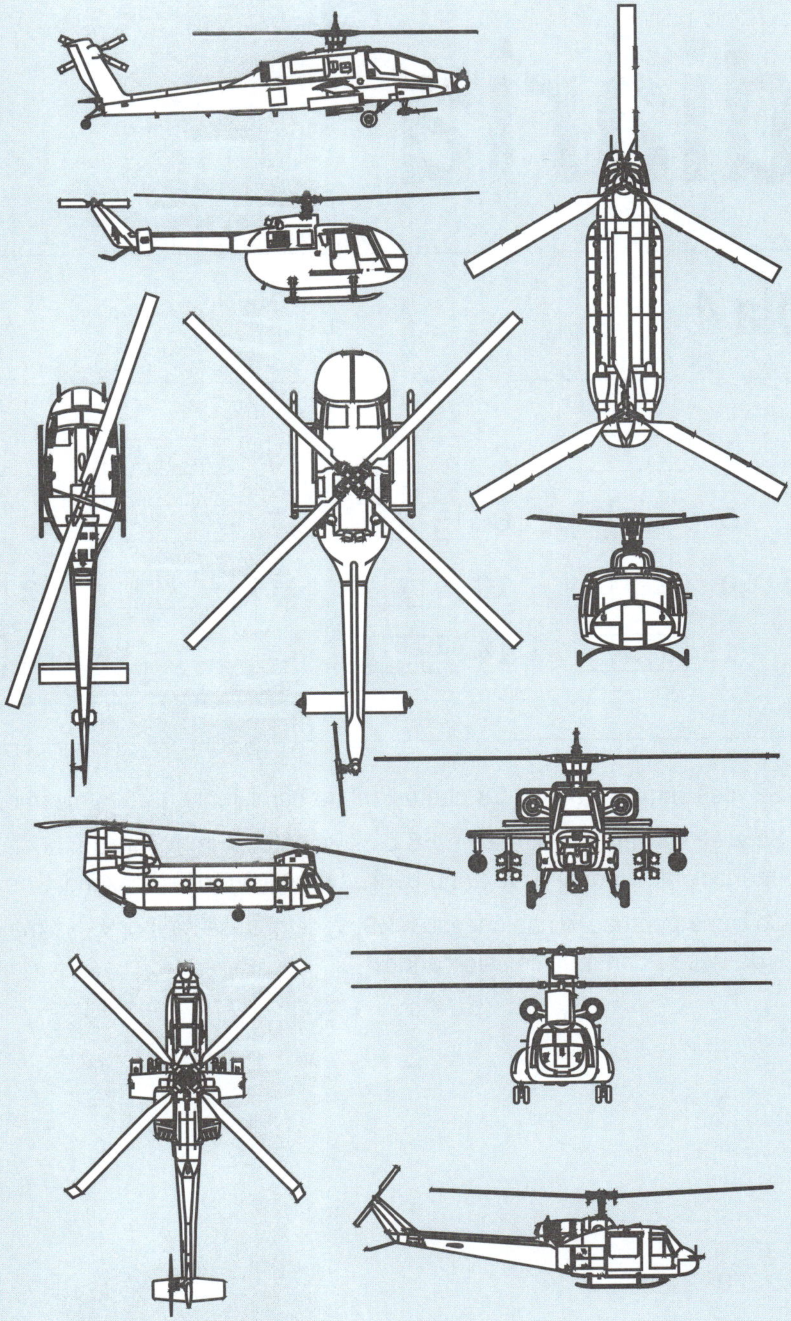

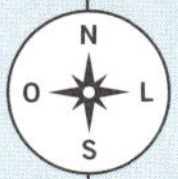

4

Avaliação diária

Dia 4

1	4 2 1	2	8 4 2	3	5 3 1	4	5 3 1
5	5 3 1	6	5 3 1	7	8 4 2	8	5 3 1
9	5 3 1	10	4 2 1	11	5 3 1	12	5 3 1
13	5 3 1	14	5 3 1			Total	

- Se você somou mais de **58** pontos, muito bem! Tente obter o mesmo amanhã.
- Se você conseguiu entre **29** e **58** pontos, obteve um resultado mediano. Jogar e continuar praticando é o caminho para se chegar ao nível máximo.
- Se a sua pontuação não chegou a **29**, você precisa melhorar. Há mais oportunidades de treino. Continue se esforçando.

Dia 5

Jogar com as ideias: treinar as associações incomuns

O principal mecanismo da imaginação consiste em descobrir relações entre ideias, feitos ou objetos que normalmente se encontram distanciados. Para isso, é útil fazer associações entre objetos ou pessoas que não costumam ser relacionados.

1 Macros

No exercício a seguir, você encontrará uma série de fotos de objetos cotidianos tiradas bem de perto. Sabe o que é cada coisa? Preste atenção aos detalhes, pois algumas foram feitas de um ponto de vista pouco comum.

1

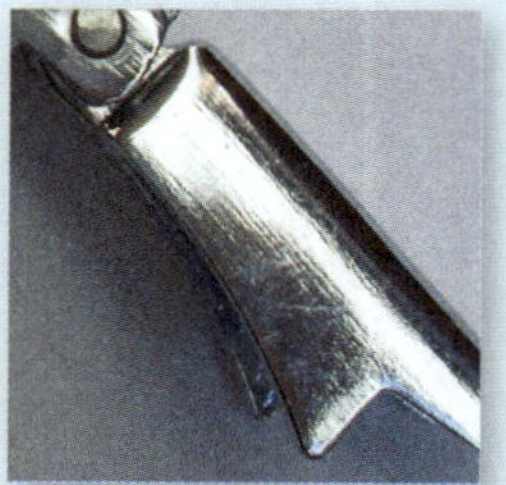

2

3

4

5

6

7

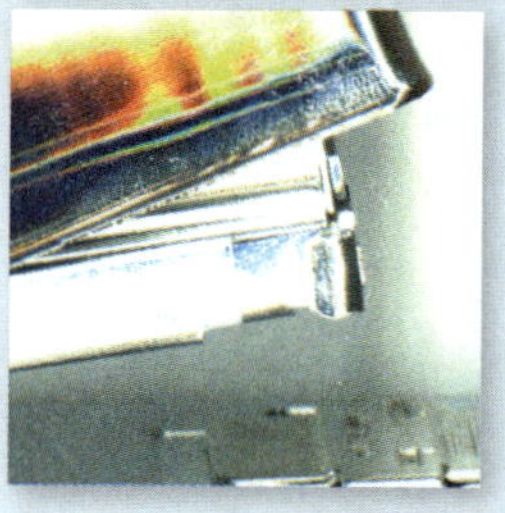

8

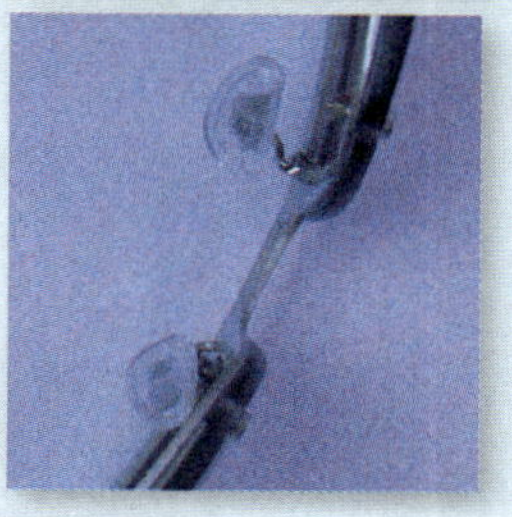

9

2 Estantes

! Este jogo requer que você aplique sua atenção de forma especial: é o jogo das estantes. Consiste em observar o que uma estante contém antes e depois de ocorridas as mudanças.

1. Qual é a estante mais cheia?
2. Que objeto ou objetos há acima, mas não abaixo?
3. Que objeto ou objetos há abaixo, mas não acima?
4. Qual é o único objeto que mantém sua posição?

3 Somas lógicas

5x3

Ordene os números que aparecem neste exercício de modo que aquele que você puser abaixo de cada coluna seja igual à soma dos que há acima.

EXEMPLO

18	21
9	17
3	8

SOLUÇÃO

3	8
18	9
21	17

	1	41
18	47	5
12	25	13
17	15	16

4 Soma tempos

5x3

Quantos minutos devem ser somados ao relógio da esquerda para que ele dê como resultado o relógio da direita?

Desenhe o que lhe sugere a sonoridade destas "palavras": botulicio, vatofa, korineta, treludor, mirmate.

5 Anagramas

Um anagrama é uma palavra ou frase formada pelas letras de outra palavra ou frase reordenadas. Nestes anagramas se escondem os nomes de oito cidades brasileiras. Com que rapidez você conseguirá descobri-los?

1. Só alaga.
2. Gire pés.
3. Fatal zero.
4. Gari sem sina.
5. Moraria.
6. Para, Bia!
7. Dona Roni.
8. Cera.

6 Barcos

Os dígitos das partes à direita e abaixo mostram quantos campos ocupam os barcos em uma fila ou coluna. Mostramos uma parte de alguns barcos. Estes estão na horizontal ou na vertical e nunca ocupam campos adjacentes, nem na diagonal.

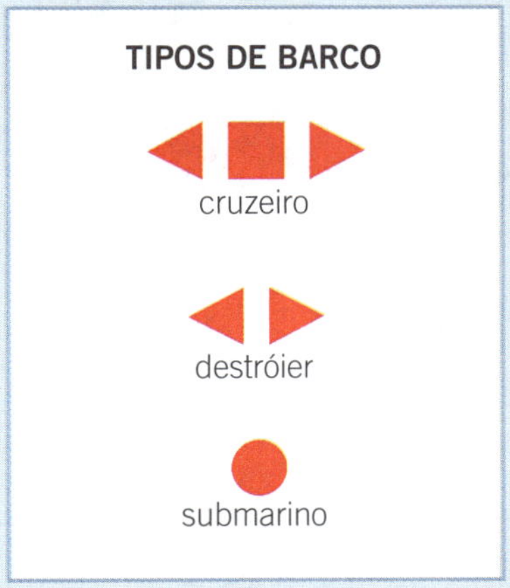

Esta frota é composta por dois cruzeiros, 2 destróieres e 2 submarinos.

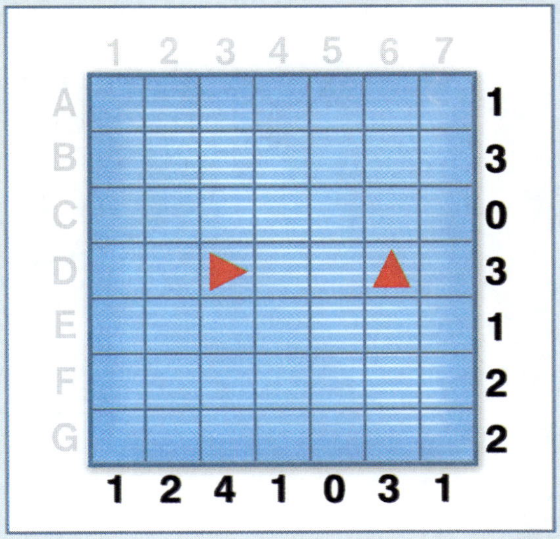

7 Carrossel

Este jogo é uma combinação de anagramas e sinônimos, parecidos com os das Diretas. Chama-se carrossel pelo popular brinquedo de parque. Trata-se de completar as palavras de cada raio, que terminam com a letra do centro do círculo. As letras desordenadas de cada setor são um anagrama de uma dica para descobrir a palavra contígua de sua cor.

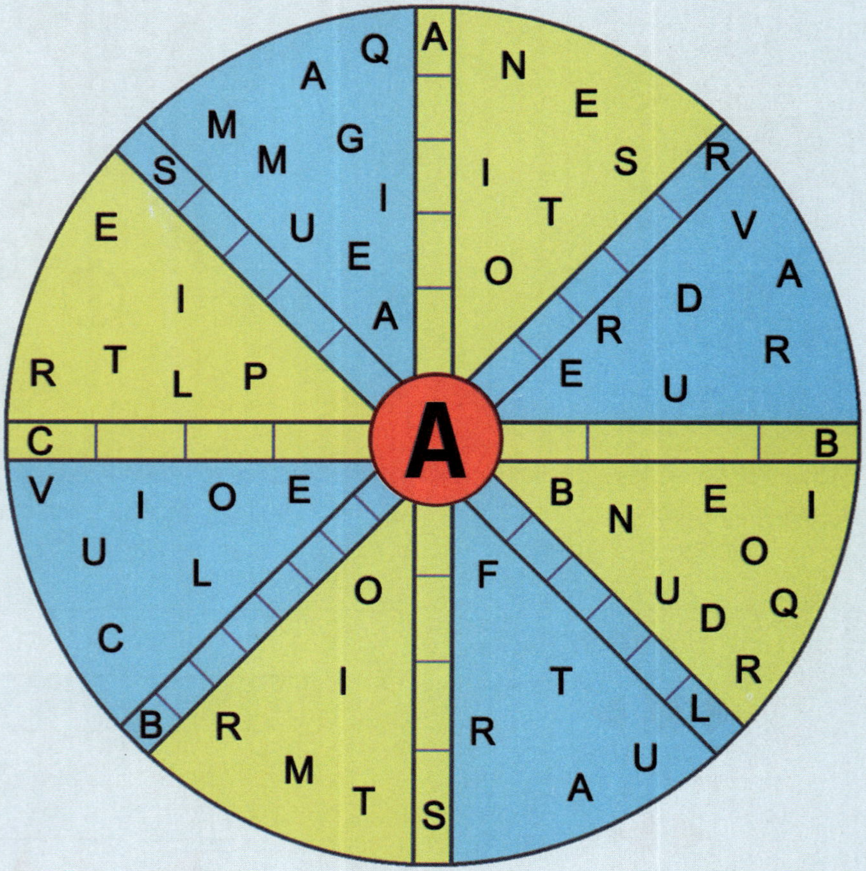

Encontre ao menos 5 semelhanças entre uma bola de futebol e uma poltrona. Em que você nunca havia pensado antes?

8 Baralho

Que carta você teria de pôr no espaço vazio?

Estamos cercados de anúncios que procuram nos convencer a comprar. Cada vez que você encontrar um anúncio, considere a informação nele contida e tente inventar um contra-anúncio cuja finalidade seja dissuadir do consumo de tal produto.

9

Labirinto

Começando pela entrada superior, qual é o caminho para encontrar a saída pela parte inferior?
Se você fizer o exercício sem utilizar um lápis, treinará melhor sua mente.

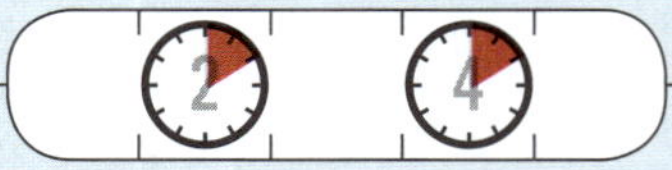

10 Memorizar objetos

Estude os dez objetos desta bandeja durante 1 minuto e depois escreva os que você recordar em uma folha de papel.

Neste tipo de exercício, é muito útil relacionar os diferentes elementos entre si.

5

8 4

11 Cidades

Observe a imagem da cidade brasileira abaixo e desembaralhe as letras para descobrir o seu nome.

U Z O A D U G O F I Ç

12 Obras e autores

A seguir, há uma relação de obras em uma coluna e, na outra, a lista de seus autores. Seu objetivo é associar cada obra a seu autor.

Homero
Dante Alighieri
Cervantes
Shakespeare
Antoine de Saint-Exupéry
Camões
Eça de Queirós
Pe. António Vieira
José de Alencar
Machado de Assis
Euclides da Cunha
Mário de Andrade
Graciliano Ramos
Rachel de Queiroz
Clarice Lispector
Platão
Maquiavel
Victor Hugo
Daniel Defoe
Gustave Flaubert
Liev Tolstói
Gil Vicente

O Pequeno Príncipe
O Corcunda de Notre-Dame
Vidas Secas
Auto da Barca do Inferno
A República
Os Lusíadas
Ilíada
Anna Karenina
Romeu e Julieta
Sermões
Dom Quixote
Iracema
Dom Casmurro
Os Sertões
Macunaíma
Os Maias
O Quinze
A Hora da Estrela
O Príncipe
A Divina Comédia
Madame Bovary
Robinson Crusoé

17 6

13 A Ordem

Se você reordenar mentalmente cada uma das fotos, poderá ler um ditado com as letras de cima e de baixo. Como ajuda, mostramos a imagem final que você deve formar e lhe damos uma dica: um quebra-cabeça não pode ser montado com uma peça só.

14 Linhas

1. Quantos pelicanos há neste bando?
2. Quantos estão voando?
3. O maior está voando ou parado?

Avaliação diária

Dia 5

1	5 3 4	2	5 3 1	3	5 3 1	4	5 3 1
5	8 4 2	6	5 3 1	7	8 4 2	8	5 3 1
9	4 2 1	10	6 3 1	11	5 3 1	12	8 4 2
13	5 3 1	14	5 3 1			Total	

- Se você somou mais de **62** pontos, sua mente está na melhor forma!
- Se você conseguiu entre **31** e **62** pontos, obteve um resultado mediano. Adiante! Você segue num bom ritmo.
- Se a sua pontuação não chegou a **31**, você precisa melhorar. Não deve se render. Continue praticando. O importante é o treino.

Dia 6

Redefinir: mudar as circunstâncias

Trata-se de um conceito que faz referência à capacidade de encontrar usos, funções ou significados diferentes dos habituais. Essa busca facilita e agiliza nosso trato com a realidade, contribuindo com novos matizes que não havíamos percebido antes.

1 Montão

Bebidas, taças, embalagens... Quais são as duas imagens que não se repetem?

2 Placas

Procure as seguintes placas.

1. Multiplicada por 3, dá 5.676.
2. Dividida por 5, dá 1.100.
3. Somada a 250, dá 4.500.
4. A soma de suas cifras é 19.
5. Tem apenas números pares.
6. Repete-se três vezes.
7. É a maior.
8. Repete-se quatro vezes.

1452-TMT	0110-KLM	4682-BEN
1962-ASP	5500-ASM	4218-BCN
2012-BEN	1452-TMT	4250-KPM
2438-KPA	6271-BEN	1892-KPA
4218-BCN	5500-ASM	3422-KPA
9423-OMN	9458-PTM	1452-TMT
1452-TMT	7244-MNT	9055-ASP
1313-MNT	1923-KLM	4218-BCN

6

4 6 3

3 Triângulos numéricos

5x3

Neste exercício, você deve inserir os números de 1 a 9, de modo que nenhum se repita e que as somas sejam cumpridas. Os campos com círculos brancos contêm apenas números pares.

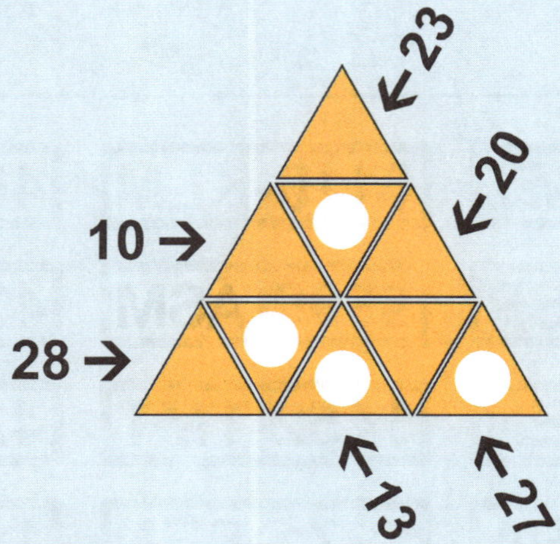

4 Somas simbólicas

5x3

Cada um dos símbolos deste quadrado equivale a um número de um só dígito. Sabendo que o telefone vale 2, você conseguiria descobrir o valor de cada símbolo?

5 Em rede

Nesta atividade, você deve formar uma palavra de catorze letras, saltando de letra em letra. É preciso empregar todas as letras, mas apenas uma vez cada, e cada letra deve se unir à seguinte por uma linha.

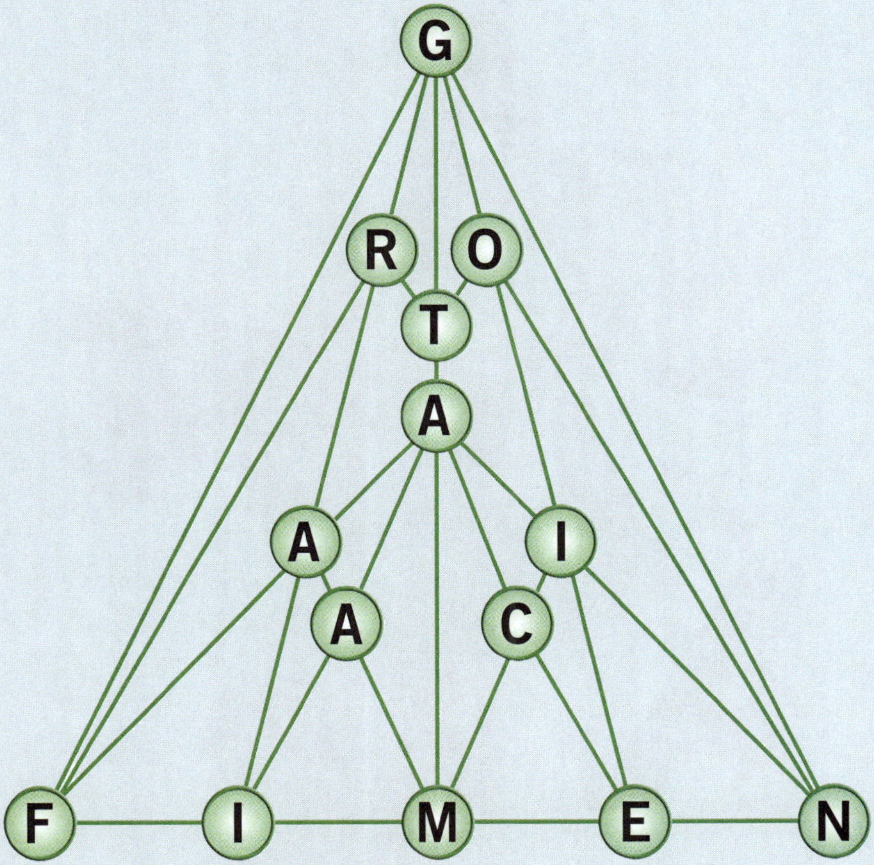

6

Em qualquer circunstância, não se deve perder de vista o princípio de que a avaliação da situação constitui tão somente uma das múltiplas avaliações possíveis. Certifique-se de encontrar sempre, no mínimo, duas respostas diante de qualquer problema.

6 Embaralhadas

Quantas palavras você consegue formar usando todas estas 6 letras?

Observe ao redor e mantenha-se à caça de defeitos. Se encontrá-los, imagine os meios para corrigi-los ou tirar proveito deles. Não se esqueça de anotar as boas ideias assim que você as tiver!

7 Em comum

Qual é a fruta que possui tantas letras quanto as da lista e, além do mais, tem três letras em comum com cada uma delas, exceto com uma, com que compartilha quatro?

MELÃO

MANGA

LIMÃO

AMORA

8 Criptocruzada

Observe a palavra impressa como exemplo e utilize suas letras para deduzir que números representam as demais letras do alfabeto presentes no diagrama.

1	2	3	2	4	■	2	5	6	7	2	8	9
2	10	■	11	12	1	7	9	■	6	13	12	4
7	2	5	14	■	2	7	7	A 2	12	2	■	14
13	■	2	11	2	7	9	■	T 13	7	6	15	2
2	4	12	■	4	6	16	12	R 7	■	8	2	7
16	2	3	17	2	7	■	18	A 2	10	14	7	■
■	19	14	7	7	6	17	9	S 18	9	■	8	17
19	2	4	14	11	■	2	5	O 9	18	18	2	7
14	8	■	1	2	12	7	9	■	13	12	7	2
13	2	13	12	■	3	9	7	13	9	3	■	3
9	■	7	2	12	19	2	■	2	3	6	4	9
■	5	14	■	1	14	7	9	4	■	1	2	4
17	14	11	14	9	18	■	15	2	4	2	7	2

1	
2	A
3	
4	
5	
6	
7	R
8	
9	O
10	
11	
12	
13	T

14	
15	
16	
17	
18	S
19	

6

9 Memorizar listas

Durante 5 minutos, memorize a seguinte lista de compras:

um pacote de cereais;
três caixas de leite;
um pimentão vermelho;
quatro bananas;
uma lata de aspargos;
um molho de salsinha;
duas coxas de frango;
meia dúzia de ovos;
cinco quilos de batata;
uma garrafa de água.

Cubra a lista e escreva os dez elementos que a compõem. Não é importante a ordem e sim detalhar a quantidade de cada produto.

10 Cubos

O objetivo deste jogo é descobrir quantos cubos faltam na imagem, que originalmente tinha três dados de lado.

11 Atenção aos detalhes

Observe os desenhos durante um minuto e depois vire a página.

6

Agora marque os desenhos que aparecem na página anterior. Você só pode voltar a olhar a página anterior, para comprovar quais são as figuras que se repetem, quando der por finalizado o exercício.

12 Acróstico

Para resolver este exercício, você deve encontrar a palavra a que se refere cada definição e escrever a resposta no quadriculado. Em seguida, quando completar todos os campos, na coluna mais escura, você encontrará um autor, e o código do quadro abaixo revelará uma citação do mesmo.

1. Acordo; tratado. Tombo.
2. Fêmea do cavalo. Substância como a BCG.
3. Divindade feminina. Revolver (a terra) com enxada.
4. De pouca profundidade. Atraso; delonga.
5. O pôr-do-sol. Suave ao tato.
6. Fruto rico em potássio. Esposa do filho.
7. Índice de audiência. Avaliação médica.
8. Afiar a faca. Bebê.
9. Contorno externo da boca. Medo repentino.

	A	B	C	D	E	F	G	H	I	J	K
1											
2											
3											
4											
5											
6											
7											
8											
9											

Citação
"G4, C6, D1, K8, J2, A3, B9 // G1, C2, E7 // H3, B8, J5, B2, E9, C4 // I3, B1, A5 // K7 // F2, B3, G5. // J7, A8, G9 // J8, C3, H6, B5, K1// H5, B7, F8, K6 // H4, E8, K9 // J1, G7 // H9, E6, D3 // D7, K5, H1, C1, I4, D5 // I1 // A6, D4, H8, I9."

5 3

13 Cidades

Observe a imagem da cidade brasileira abaixo e desembaralhe as letras para descobrir o seu nome.

LRAISBÍA

14 Labirinto de provérbios

Comece pelo campo central e percorra o labirinto através das linhas pretas para descobrir um provérbio com as sucessivas letras que você encontrar.

6

Procure o lado positivo das coisas. Tente adotar uma mentalidade criativa diante de um acontecimento negativo. Tenha em mente que toda crise supõe uma oportunidade de mudança.

Avaliação diária

Dia 6

1	4 2 1	2	5 2 1	3	5 3 1	4	5 3 1
5	5 3 1	6	5 3 1	7	5 3 1	8	8 4 2
9	5 3 1	10	5 3 1	11	5 3 1	12	5 3 1
13	5 3 1	14	5 3 1			**Total**	

- Se você somou mais de **57** pontos, é fantástico! Dá para notar que você tem praticado muito.
- Se você conseguiu entre **29** e **57** pontos, obteve um resultado mediano. Sua mente está aberta. Com um pouco mais de treino, você pode chegar bem longe.
- Se a sua pontuação não chegou a **29**, você precisa melhorar. Não jogue a toalha. O esforço tem sempre sua recompensa.

Dia 7

Treinar o uso da linguagem metafórica

O uso da linguagem simbólica e metafórica é uma faculdade primordial da mente humana. Essa forma de pensamento, veiculada pela imaginação, nos ajuda a sintetizar uma grande quantidade de informação em uma representação abstrata. Dessa maneira, potencializamos o aprendizado, a memória e a criatividade.

1 Que bagunça!

! As caixas que guardam nossos velhos filmes de Super 8 caíram e todas as fitas se misturaram. Você sabe quantas fitas há nessa confusão de filmes?

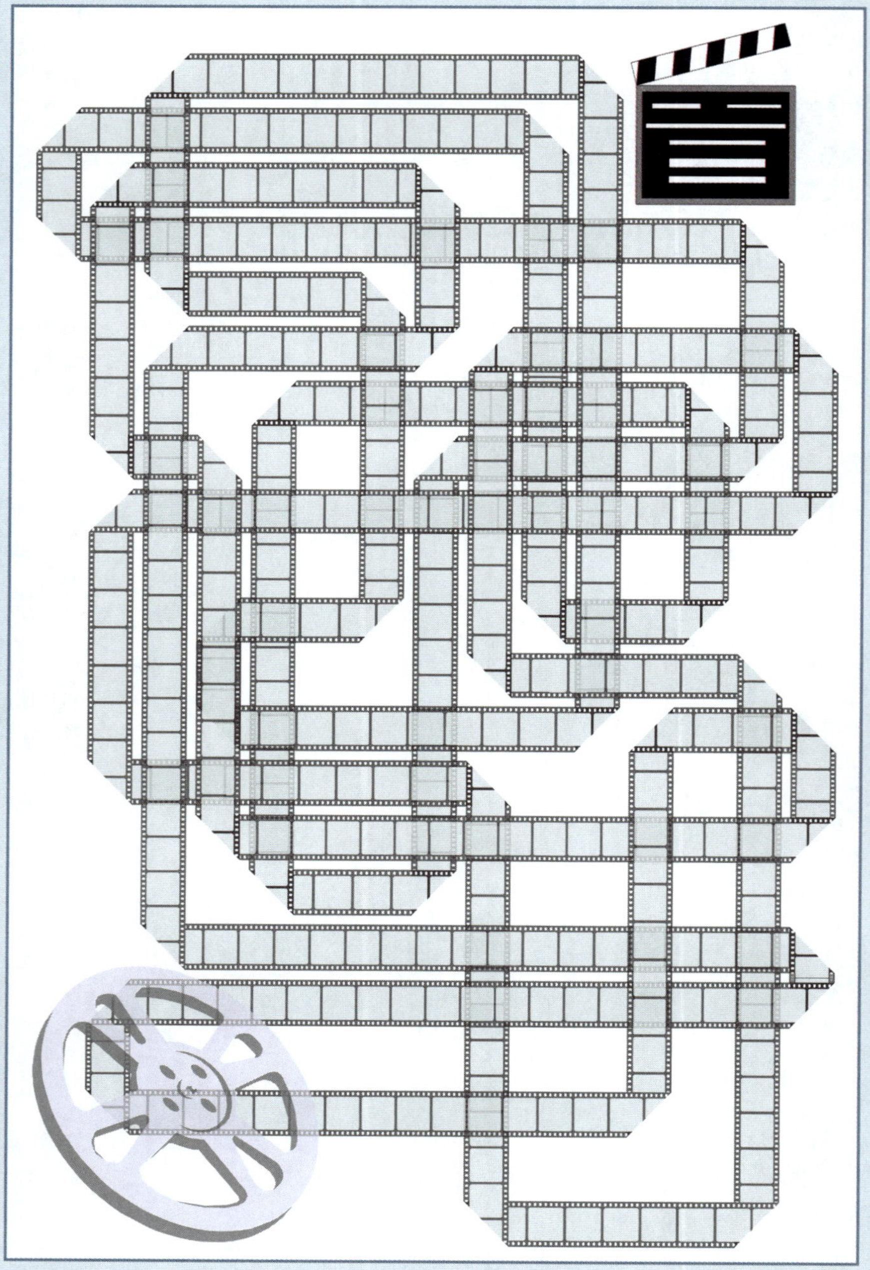

2 Caça-palavra

Encontre doze alimentos que podem fazer parte do café da manhã.

AÇÚCAR	**CAFÉ**	**CROISSANT**	**LEITE**
BACON	**CEREAIS**	**FRUTA**	**SUCO**
CACAU	**CHÁ**	**GELEIA**	**TORRADA**

X	E	K	Z	F	N	F	R	U	T	A	E	V	R	V
A	B	J	T	G	G	X	N	W	T	Z	H	Y	M	Z
Ç	X	W	C	R	O	I	S	S	A	N	T	I	X	O
U	W	S	K	M	Z	Y	F	V	N	H	K	H	C	I
C	Z	Z	G	E	L	E	I	A	G	F	T	U	K	T
A	R	N	E	T	W	K	G	A	D	F	S	M	K	Z
R	Y	O	F	T	C	H	D	J	H	K	K	J	G	I
L	K	C	T	X	V	A	I	S	D	X	C	H	A	R
Z	Y	A	B	J	R	V	C	Z	L	N	R	V	B	M
X	N	B	R	R	W	B	H	A	D	J	Z	Z	W	D
V	X	S	O	J	M	Y	D	H	U	R	H	D	T	W
C	S	T	X	W	W	T	L	D	X	Z	L	Y	E	G
K	A	R	T	R	B	G	C	E	R	E	A	I	S	R
J	K	F	D	I	W	Y	G	T	D	R	J	K	J	E
Y	H	V	E	I	N	X	F	S	L	E	I	T	E	N

Desenhe em uma folha de papel algo que represente o que você acredita ter aprendido durante o treinamento desta semana. Descreva brevemente os símbolos que utilizar em sua representação.

3 Bolas e dados

5x3

Você consegue substituir as bolas situadas entre os dados pelos sinais corretos para que se cumpram as igualdades verticais e horizontais?

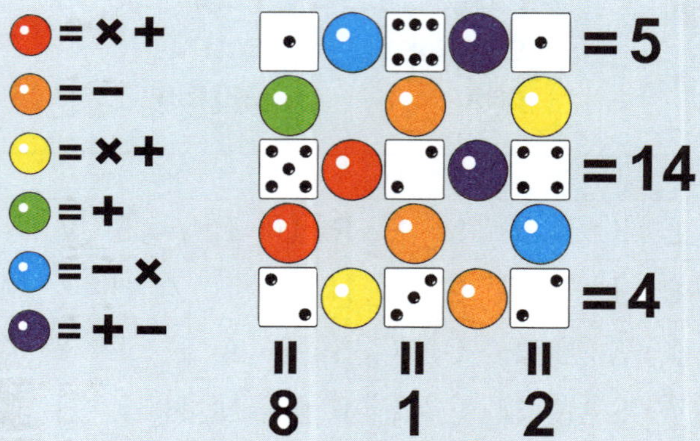

4 Entorno científico

Neste exercício, você deve identificar a foto, resolver o criptograma (a letras iguais correspondem números iguais) e decifrar uma frase alusiva ao tema. Em torno da foto e começando pelo campo colorido, você deve escrever o nome comum da flor. Nos campos abaixo, deve anotar seu nome científico. As letras que aparecem somente no nome científico já estão impressas.

Mensagem escrita com o mesmo código de correspondência entre números e letras: 5, 11, 1, 2, 3, 4, 5, 11, E, 5, 10, 9, 2, 3, 11, F, 12, 5, 2, E, 11, 11, Ã, 5, 3, B, 10, 8, 6, 3, 8, 9, E, 11, 8, 5, B, 2, 3, 11, 7, 12.

6	7	3	8	9	H	10	11

1	3	2	Y	5	P	H	Y	12	12	10	11

5 Circuitos

5x3

Neste jogo, você deve percorrer um circuito no sentido indicado pelas setas, partindo da cifra do campo amarelo, e ir solucionando mentalmente as sucessivas operações indicadas em cada campo, até chegar ao que aparece com uma letra, onde você tem de pôr o resultado. Tome cuidado nas bifurcações. Lembre-se: você deve fazer isso mentalmente.

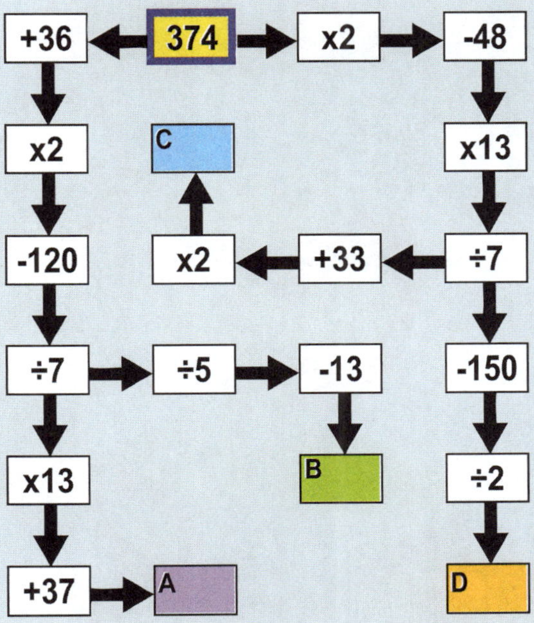

6 Antônimos

Os antônimos são palavras de significado oposto. Você pode encontrar os antônimos das palavras da coluna à esquerda? Como dica, damos algumas letras.

agitado	****q****
claro	***f***
sujo	**m**
ordenado	***o**o
escuro	i***i****
deserto	*o*o**o

7

7 Embaralhadas

Quantas palavras você consegue formar usando todas estas 7 letras?

Tente encontrar, no mínimo, uma metáfora para cada um destes exemplos: a respiração é como...; o amor é como...; um veleiro é como...; a verdade é como...; a experiência é como...; a imaginação é como...
Em seguida, separe a que você mais gostar e tente desenvolvê-la ao máximo por escrito. Observe quantas linhas você é capaz de escrever sobre a metáfora escolhida.

8 Baralho

Que carta virá depois do 4 de paus?

9 Ideogramas

Um ideograma combina imagem e letras para que, levando em conta o conjunto, seja possível ordenar tais letras para formar uma palavra relacionada à imagem. Você consegue decifrar todos os que apresentamos aqui? Tenha em mente que algumas letras estão viradas para que seja um pouco mais difícil decifrar as palavras.

7

10 Labirinto

Começando pela entrada superior, qual é o caminho para encontrar a saída pela parte inferior?

Se você fizer o exercício sem utilizar um lápis, treinará melhor sua mente.

11 Memória visual

Observe os 12 desenhos superiores durante 1 minuto. Em seguida, cubra-os com um papel.

1. Que fruta desaparece na segunda imagem?
2. Qual é nova?
3. Que fruta permanece na mesma posição?

12 Dados

Todos os dados são iguais. Quanto somam todas as faces de qualquer um deles?

13 Lógica

Qual é o critério de ordenação destes números?

2598467310

14 Quebra-cabeça fotográfico

O esquema deste exercício é simples: cada peça, ao ser posta de modo correto no quebra-cabeça, lhe dará duas letras. Então, você deverá jogar com esses pares de letras para encontrar os nomes de duas frutas.

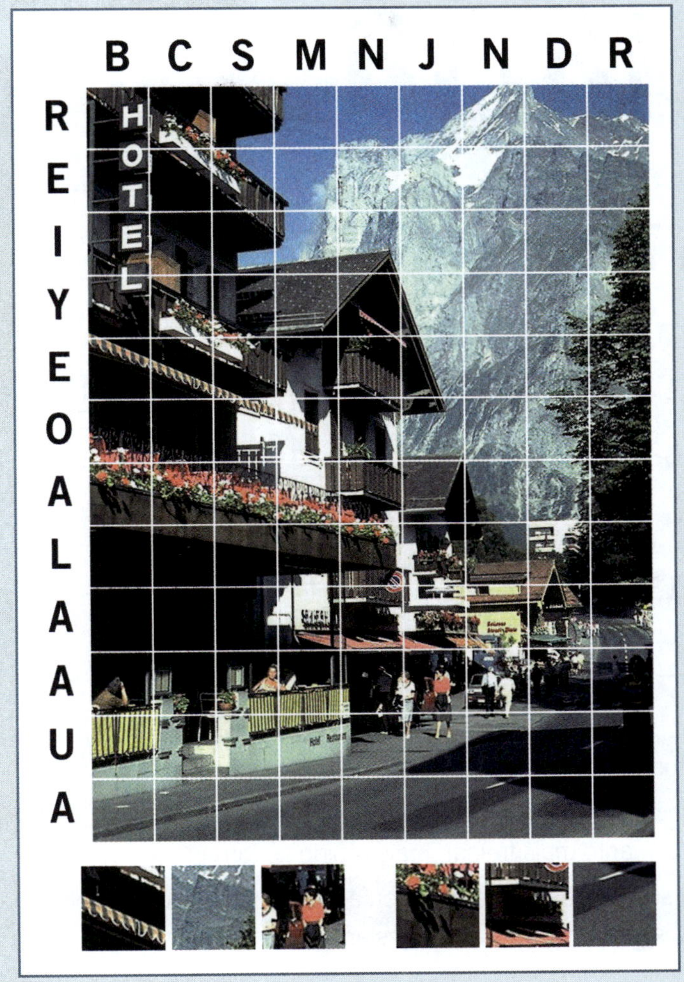

Abra um livro ao acaso e escolha quatro palavras. Em seguida, escreva um poema de, no mínimo, seis versos em que apareçam essas palavras.

Avaliação diária

Dia 7

1	5 3 1	2	5 3 1	3	5 3 1	4	5 3 1
5	5 3 1	6	5 3 1	7	5 3 1	8	5 3 1
9	5 3 1	10	4 2 1	11	5 3 1	12	5 3 1
13	5 3 1	14	5 3 1			Total	

- Se você somou mais de **55** pontos, você é um ás! Chegou ao fim da semana em plena forma.
- Se você conseguiu entre **28** e **55** pontos, obteve um resultado mediano. Lembre-se de que, quanto mais treinar, mais rápido se tornará.
- Se a sua pontuação não chegou a **28**, você precisa melhorar. Na próxima semana, terá mais oportunidades de se testar.

Avaliação semanal

Semana 2

Dia 1	
Dia 2	
Dia 3	
Dia 4	
Dia 5	
Dia 6	
Dia 7	
Total da Semana	

- Se você conseguiu mais de **409** pontos, parabéns! Seu cérebro está a todo vapor. Continue assim!
- Se você conseguiu de **204** a **409** pontos, pode ficar satisfeito. Para melhorar, repita os jogos em que obteve os piores resultados. Ânimo!
- Se a sua pontuação é inferior a **204**, você precisa melhorar. O importante é treinar. Volte a jogar e verá melhoras.

Soluções

Dia 1

1 

2 Marilyn Monroe; Ava Gardner; Rita Hayworth; Brigitte Bardot.

3 

4 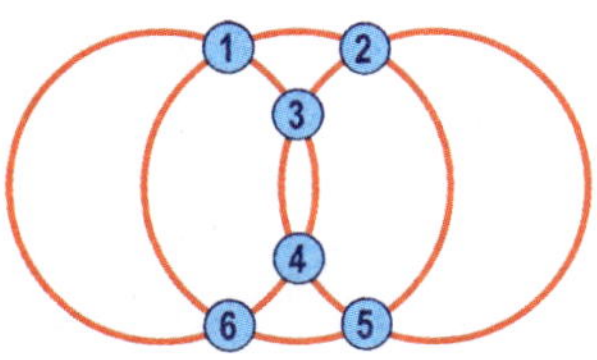

5 *"...E o vento levou."*

6

É	■	P	R	E	C	I	S	O
■	A	M	A	R	■	A	S	■
P	E	S	S	O	A	S	■	C
O	M	O	■	S	E	■	N	Ã
O	■	H	O	U	V	E	S	S
E	■	A	M	A	N	H	Ã	,
■	P	O	R	Q	U	E	■	S
E	■	V	O	C	Ê	■	P	A
R	A	R	■	P	R	A	■	P
E	N	S	A	R	,	■	N	A
■	V	E	R	D	A	D	E	■
N	Ã	O	■	H	Á	.	.	.

7 Tigre.

8 Estão ordenadas de acordo com o número de letras de seu nome: as vogais têm uma; B tem duas (bê) etc.

9 Volume sete.

10 Telefone.

11 1. Roer; 2. Radar; 3. Aroma;
4. Manta; 5. Tapar.

12 1. Ágil / azar;
2. Beco / chave;
3. Acre / rato;
4. Cais / março;
5. Alvo / saco;
6. Xará / pedal;
7. Iate / cara.
O acróstico é abacaxi.

13 Petrópolis.

14 C

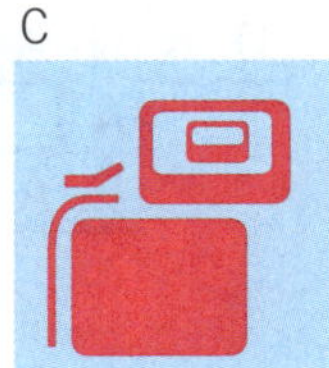

Dia 2

1 

2 3,141592653589793238

3 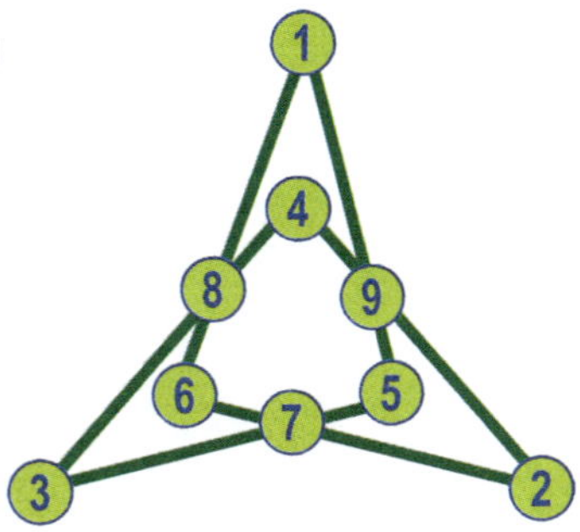

4 

5 Charme.
exemplos de três letras: chá, are, mar, era, ema, cem.

6 A letra N. As letras devem ser reordenadas para formar a palavra "triângulo".

7 

8 c3 – b4 Mate.

9 7 de copas. São todas as cartas de 1 a 9. Logo, falta o 7. Há três de cada naipe, com exceção dos paus.

10 Bola.

11 Ajoelhou, tem que rezar.

12 Canguru.

13 1B; 2A; 3D; 4D; 5B; 6A; 7B; 8C; 9D; 10A; 11B; 12C; 13B; 14D; 15A.

14 B

Dia 3

1 1. 10 objetos.
2. O dardo.

2 

3 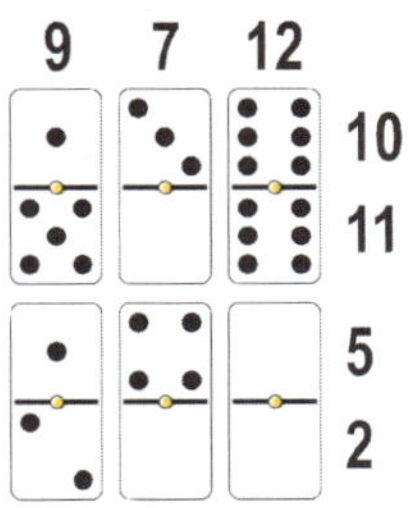

4 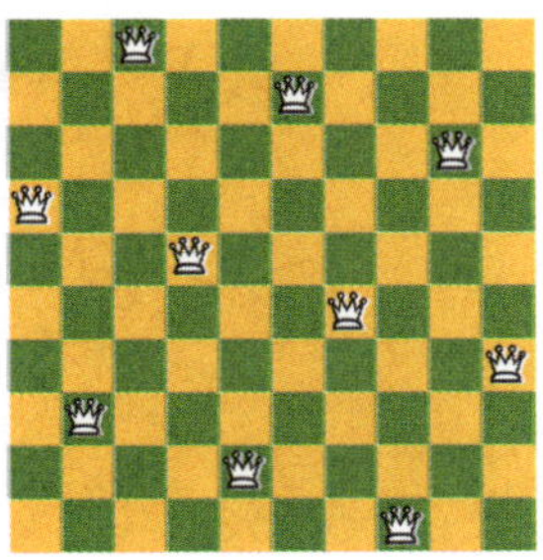

5 

6 Marola; amoral; amolar e malora.

7 Segundo a ordem do arco-íris.

8 32,35

9 

11 

12 Jimmy.

13 1. 21; 2. 20 (cavalo-marinho é peixe); 3. Pretos; 4. Amarelo.

14 C 

Dia 4

1. Há um hambúrguer.

2.

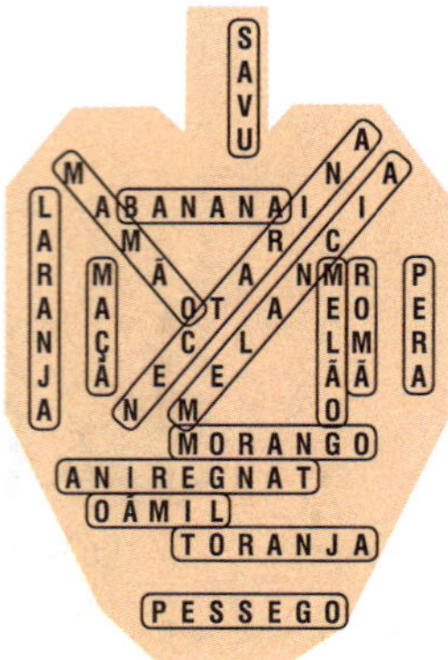

3.

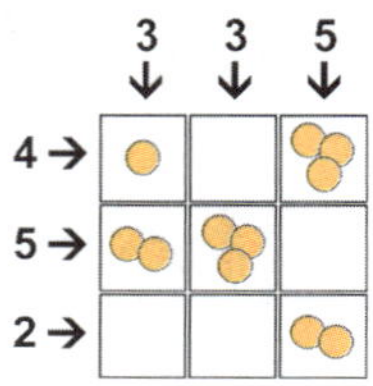

4. 6.

5. 1. Medida; 2. Azeite; 3. Rápido; 4. Castor; 5. Acenar; 6. Painel; 7. Apitar; 8. Sapato; 9. Safári; 10. Oferta. Nova palavra: Marca-passo.

6. 1 2 3 5

7.

8. Aspirina (as-pi-ri-na)

9. Ordem pelo número de letras. (China, Japão, Brasil, Canadá, França, Grécia, Israel, Rússia, Suécia, Espanha, Turquia, Alemanha, Colômbia, Portugal, Argentina e Nova Zelândia).

10.

11.

1. Mica;
2. Quando ainda era filhote;
3. No morro;
4. Mais de quatro;
5. José e Ana;
6. Nove;
7. Um parvovírus;
8. Branca e preta;
9. Morder brinquedos;
10. Mestiça, mas parece de caça;
11. Sim.

12.

1. Minas Gerais – RE
2. Amazonas – CI
3. Rio Grande do Sul – CL
4. Piauí – AG
5. Mato Grosso – EM

Palavra oculta: RECICLAGEM

13. Harrison Ford.

14. Para o azul, falta a visão frontal.

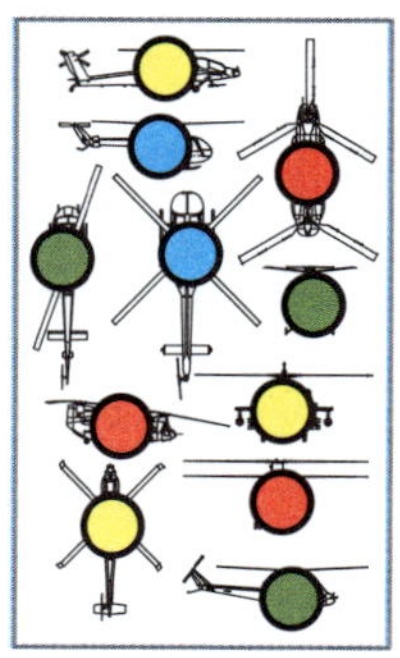

Dia 5

1 1. abridor de garrafas; 2. tampa de marca-texto; 3. carretel de linha; 4. carro de brinquedo; 5. prendedor de cabelo; 6. moeda; 7. grampeador; 8. óculos; 9. pilha.

2 1. A de baixo;
2. O chapéu;
3. A corneta, a cenoura e a panela;
4. A chave de fenda.

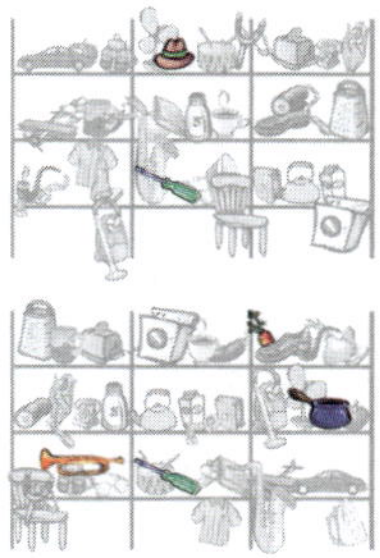

3

	25	18
12	15	13
5	1	16
17	41	47

4 100 minutos (1h40)

5 1. Alagoas. 2. Sergipe. 3. Fortaleza. 4. Minas Gerais. 5. Roraima. 6 Paraíba. 7. Rondônia. 8. Acre.

6

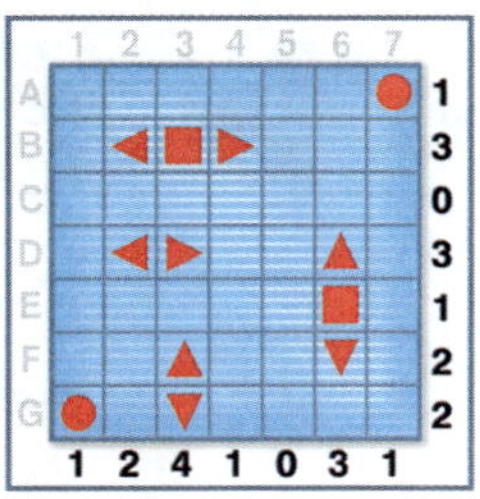

7 aranha - inseto; rúcula - verdura; bola - brinquedo; laranja - fruta; samba - ritmo; bicicleta - veículo; cobra - réptil; sombra - maquiagem.

8 Ás de copas. Cada fila tem 4 naipes e seus valores somam 20.

9

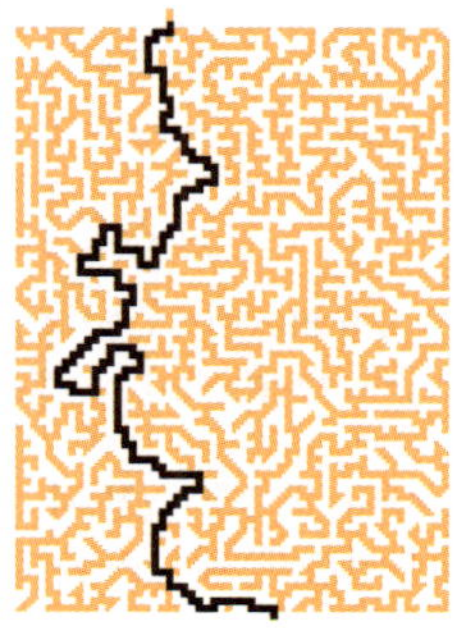

11 Foz do Iguaçu.

12

Homero	Ilíada
Dante Alighieri	A Divina Comédia
Cervantes	Dom Quixote
Shakespeare	Romeu e Julieta
Antoine de Saint-Exupéry	O Pequeno Príncipe
Camões	Os Lusíadas
Eça de Queirós	Os Maias
Pe. António Vieira	Sermões
José de Alencar	Iracema
Machado de Assis	Dom Casmurro
Euclides da Cunha	Os Sertões
Mário de Andrade	Macunaíma
Graciliano Ramos	Vidas Secas
Rachel de Queiroz	O Quinze
Clarice Lispector	A Hora da Estrela
Platão	A República
Maquiavel	O Príncipe
Victor Hugo	O Corcunda de Notre-Dame
Daniel Defoe	Robinson Crusoé
Gustave Flaubert	Madame Bovary
Liev Tolstói	Anna Karenina
Gil Vicente	Auto da Barca do Inferno

13 A união faz a força.

14 1.15; 2.8; 3. Parado.

Dia 6

1 As duas embalagens de papelão, que possuem cores de tampa diferentes.

2 1.1892 KPA; 2. 5500 ASM; 3. 4250 KPM; 4. 9055 ASP; 5. 4682 BEN; 6. 4218 BCN; 7. 9458 PTM; 8.1452 TMT.

3

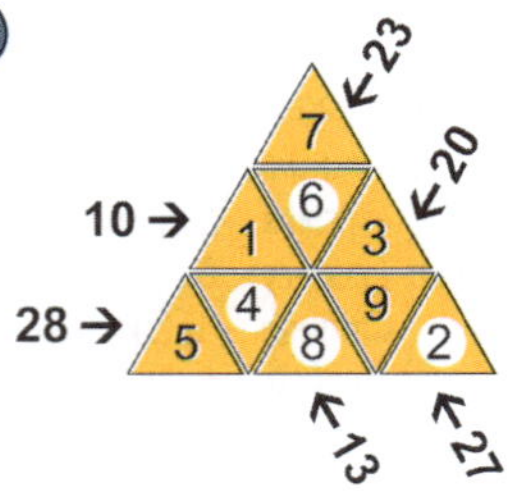

4

2	9	6
9	2	6
9	6	2

5 Cinematografía.

6 Morada, amador, ramado e armado.

7 Mamão.

8

C	A	N	A	L	■	A	P	U	R	A	D	O
A	B	■	M	I	C	R	O	■	U	T	I	L
R	A	P	E	■	A	R	R	A	I	A	■	E
T	■	A	M	A	R	O	■	T	R	U	F	A
A	L	I	■	L	U	Z	I	R	■	D	A	R
Z	A	N	G	A	R	■	S	A	B	E	R	■
■	V	E	R	R	U	G	O	S	O	■	D	G
V	A	L	E	M	■	A	P	O	S	S	A	R
E	D	■	C	A	I	R	O	■	T	I	R	A
T	A	T	I	■	N	O	R	T	O	N	■	N
O	■	R	A	I	V	A	■	A	N	U	L	O
■	P	E	■	C	E	R	O	L	■	C	A	L
G	E	M	E	O	S	■	F	A	L	A	R	A

10 Faltam 7.

12 "Entenda que amigos vão e vêm. Mas nunca abra mão de uns poucos e bons." (Pedro Bial)

P	A	C	T	O		Q	U	E	D	A
E	G	U	A		V	A	C	I	N	A
D	E	U	S	A		C	A	V	A	R
R	A	S	O		D	E	M	O	R	A
O	C	A	S	O		M	A	C	I	O
B	A	N	A	N	A		N	O	R	A
I	B	O	P	E		E	X	A	M	E
A	M	O	L	A	R		N	E	N	E
L	A	B	I	O		S	U	S	T	O

13 Brasília.

14 Quem com ferro fere, com ferro será ferido.

Dia 7

1 4 fitas.

2

3

1 x 6 – 1
+ – x
5 x 2 + 4
+ – –
2 x 3 – 2.

4 Cravo. *Dianthus caryophyllus.* Os cravos e outras flores são abundantes no Brasil.

5 A: 1.337; B: 7; C: 2.666; D: 575.

6 Tranquilo; confuso; limpo; revolto; iluminado; povoado.

7 Retocar, carreto, correta, torcear e arrecto.

8 8 de copas, por ser o único naipe que falta na coluna. As cartas de baixo são o produto das de cima.

9 Telefone; petróleo; cadeado; alto-falante; mascote; coração.

10

11 1. Maçã / 2. Uva / 3. Banana.

12 213 + 163 + 321 + 823 + 102 + 334 = 1.956.

13 Estão ordenados alfabeticamente, de acordo com seus nomes.

14 Cereja e banana.

Título Original: Entrena tu mente
Autor: Imaginarte Juegos S.L.

Copyright © 2015 RBA Coleccionables S.A.

Copyright da tradução
© 2015 by Ediouro Publicações Ltda.

Coordenação editorial: Daniel Stycer
Edição: Lívia Barbosa, Daniela Mesquita e Dalva Corrêa
Tradução: Liame Associação de Apoio à Cultura

Todas as marcas contidas nesta publicação e os direitos autorais incidentes são reservados e protegidos pelas Leis n.º 9.279/96 e n.º 9.610/98. É proibida a reprodução total ou parcial, por quaisquer meios, sem autorização prévia, por escrito, da editora.

Ediouro Publicações Ltda.
Rua Nova Jerusalém, 345 – CEP 21042-235
Rio de Janeiro – RJ
Tel.: (21) 3882-8200 / Fax: (21) 2290-7185
e-mail: coquetel@ediouro.com.br
www.coquetel.com.br